中等职业教育国家规划教材配套教材

Qiche Dipan Weixiu Shixun
汽车底盘维修实训

（第2版）

胡科迪　王旭升　主　编
柯长辉　金衍旺　副主编
陆松波　主　审

人民交通出版社股份有限公司
北　京

内　容　提　要

本教材为中等职业教育国家规划教材配套教材之一。全书主要内容包括：汽车底盘、离合器与变速器、万向传动装置与驱动桥、车轮总成、悬架系统、转向系统、制动系统，共 7 个项目，20 个实训任务。

本书可供汽车运用与维修专业学生、汽车维修技师和汽车维修工参考使用，也可供汽车类专业实训课程教学参考。

图书在版编目(CIP)数据

汽车底盘维修实训/胡科迪，王旭升主编．—2 版
．—北京：人民交通出版社股份有限公司，2020．12
2020．12

ISBN 978-7-114-16797-3

Ⅰ．①汽…　Ⅱ．①胡…②王…　Ⅲ．①汽车—底盘—车辆修理—中等专业学校—教材　Ⅳ．①U472．41

中国版本图书馆 CIP 数据核字(2020)第 159700 号

书　　名：**汽车底盘维修实训**(第 2 版)
著 作 者：胡科迪　王旭升
责任编辑：李　良
责任校对：孙国靖　龙　雪
责任印制：刘高彤
出版发行：人民交通出版社股份有限公司
地　　址：(100011)北京市朝阳区安定门外外馆斜街 3 号
网　　址：http://www.ccpcl.com.cn
销售电话：(010)59757973
总 经 销：人民交通出版社股份有限公司发行部
经　　销：各地新华书店
印　　刷：北京交通印务有限公司
开　　本：787×1092　1/16
印　　张：8.25
字　　数：196 千
版　　次：2002 年 12 月　第 1 版
2020 年 12 月　第 2 版
印　　次：2020 年 12 月　第 2 版　第 1 次印刷　累计第 15 次印刷
书　　号：ISBN 978-7-114-16797-3
定　　价：25.00 元

前　言

本教材是中等职业教育国家规划教材的配套教材之一，教材自2002年出版以来，以其结合生产实际、体现以人为本的现代理念、注重对学生创新能力的培养和具有较强针对性等特点，受到了广大职业院校师生的欢迎。

为贯彻《教育部关于深化职业教育教学改革全面提高人才培养质量的若干意见》(教职成〔2015〕6号)提出的“对接最新职业标准、行业标准和岗位规范，紧贴岗位实际工作过程，调整课程结构，更新课程内容，深化多种模式的课程改革”，响应国家对于汽车运用技术领域高素质专业实用人才培养的需要，更好地贴近汽车运用与维修专业实际教学目标，故人民交通出版社股份有限公司对本套教材进行了修订。本次修订以《中等职业学校专业教学标准(试行)》为标准，以职业教育人才培养模式和宗旨为导向，注重实践能力的培养，吸收教材使用院校师生的意见和建议，经过与编者的认真研究和讨论，确定了修订内容。

《汽车底盘维修实训(第2版)》基于当前汽车维修企业维修技能的需要，立足教学实际，以典型的技能要点作为实训单元，针对技能点以任务驱动、理实一体展开实训教学。本教材语言通俗易懂，对实训内容进行理论说明讲解，主要内容包括汽车底盘、离合器与变速器，万向传动装置与驱动桥、车轮总成、悬架系统、转向系统、制动系统，共七个项目。实训过程每个关键步骤配以图片和文字，提供了汽车底盘维修故障分析诊断思路，引用了当前流行的教学方法、组织模式，便于教师进行实训教学组织，每个实训项目都配有学生实训作业单和评价表，可供汽车实训类课程教学参考。

本书由慈溪市锦堂高级职业中学胡科迪、宁波市奉化区职业教育中心学校王旭升担任主编，由宁波市奉化区职业教育中心学校柯长辉、金衍旺担任副主编，由慈溪市锦堂高级职业中学陆松波担任主审。参与教材编写的人员还有鲍朱峰、林柯列、俞子枫、翁传阳。其中，胡科迪编写了实训18、19、20，王旭升编写了实训1、9、10、11、12、16、17,柯长辉编写了实训8,金衍旺编写了实训4,鲍朱峰编写了实训2、3,林柯列编写了实训5,俞子枫编写了实训13、14、15,翁传阳编写了实训6、7。

由于编者经历和水平有限,书中难免有不足之处,敬请广大读者及时提出修改意见和建议,以便修改和完善。

编　者
2020年3月

目　　录

项目一 汽车底盘

实训1 汽车底盘认识

一 实训目标

(1)掌握汽车底盘的作用。
(2)熟悉汽车底盘各零部件的结构及安装位置。

二 实训内容

1. 汽车底盘的组成

汽车底盘是汽车的重要组成部分,是汽车的“骨骼”,其功用就是接受发动机传递的动力,使汽车正常行驶,同时支承和安装汽车其他各部件和总成。汽车底盘包括传动系统、行驶系统、转向系统和制动系统四大系统(图1-1)。

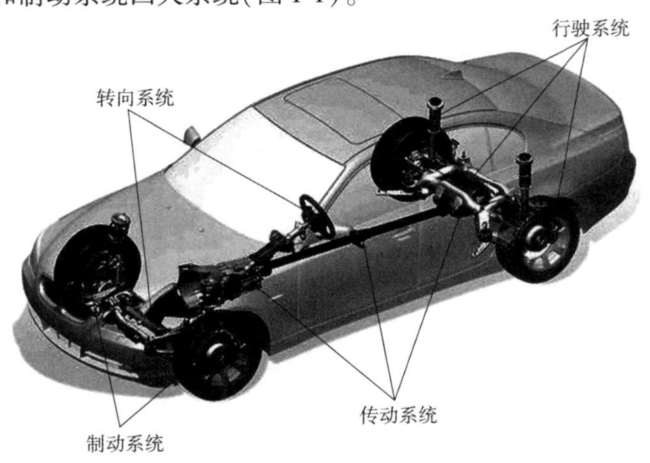

图1-1 汽车底盘的组成

汽车传动系统的作用是将发动机输出的动力传递给驱动轮,其主要包括离合器、变速器、万向传动装置、主减速器、差速器、半轴和车轮等。

汽车行驶系统的作用是将传动系统传递来的转矩转化为汽车行驶的驱动力,同时也将汽车构成一个整体,支承汽车的总质量,承受、传递各种力和力矩,减轻振动、缓和冲击,保证汽车行驶平稳,其主要包括车架、车桥、车轮和悬架四部分。

汽车转向系统的作用是保证汽车在行驶中能按驾驶人的操纵要求,适时地改变行驶方向,同时也能在汽车受到路面干扰偏离行驶方向时,与行驶系统配合,共同保证并完成稳定地按直线行驶,其主要包括转向盘、转向轴、转向器、转向横拉杆、转向节、转向轮等。

汽车制动系统的作用是根据需要使汽车减速或在最短距离内停车,以确保行车安全,同时也可保障汽车停放可靠,不自动滑移,其主要包括制动踏板、制动主缸、制动管路、制动轮缸、制动器等。

2. 实训任务

在实车上认识汽车底盘各组成部分的安装位置。

(1)传动系统认识(图 1-2)。

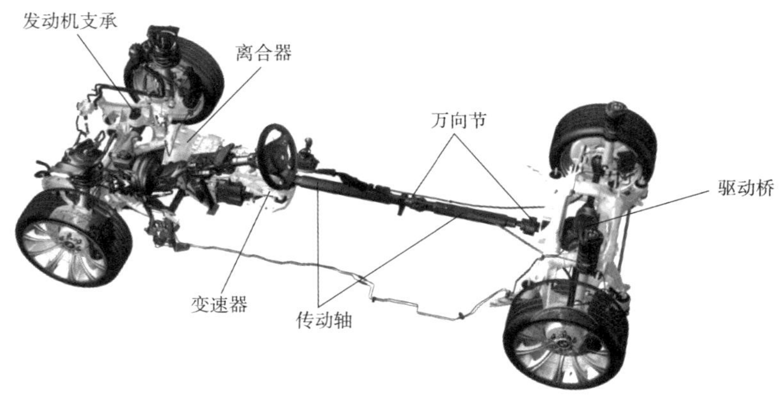

图 1-2　汽车传动系统

按照发动机安装位置及汽车驱动形式的不同,车辆传动系统一般包括发动机前置后轮驱动(FR)、发动机前置前轮驱动(FF)、发动机后置后轮驱动(RR)、发动机中置后轮驱动和全轮驱动等形式。轿车上常用的布置形式是发动机前置后轮驱动和发动机前置前轮驱动。

(2)行驶系统认识(图 1-3)。

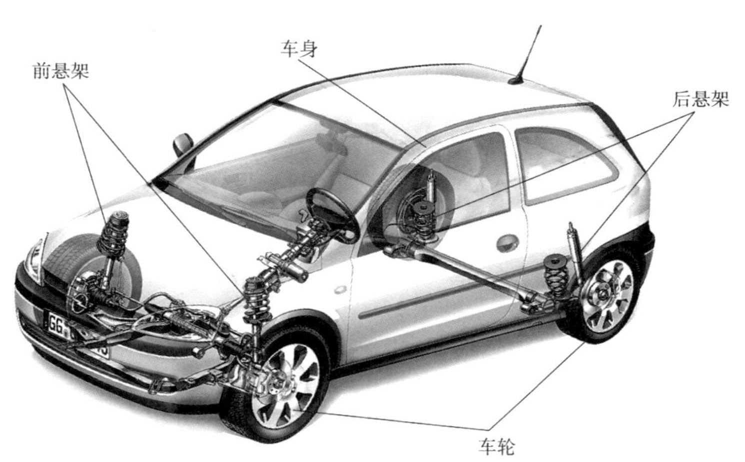

图 1-3　汽车行驶系统

汽车行驶系统的结构因车型及行驶条件而不同,不同形式的行驶系统的基本组成会有所不同。大多数汽车采用轮式行驶系统,其结构特点是通过轮胎直接与地面接触,通过轮胎支承整个车辆,并通过轮胎的滚动驱动汽车行驶。汽车行驶系统的作用可以概括为支承、传力、缓冲、减振、导向。轮式行驶系统一般由车架、车桥、车轮和悬架等组成。

(3)转向系统认识(图 1-4)。

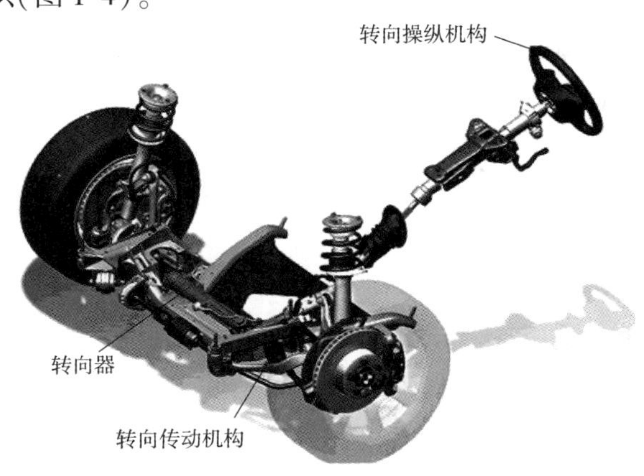

图 1-4　汽车转向系统

汽车转向系统的作用是保证汽车在行驶中能按驾驶人的操纵要求,适时地改变行驶方向;能在受到路面干扰偏离行驶方向时,与行驶系统配合,共同保持汽车稳定地直线行驶。使转向轮偏转以实现汽车转向的一整套机构称为转向系统,其技术状况的好坏,直接影响行车安全。按转向动力源不同,汽车转向系统可分为机械式转向系统、液压式动力转向系统和电控动力转向系统。

(4)制动系统认识(图 1-5)。

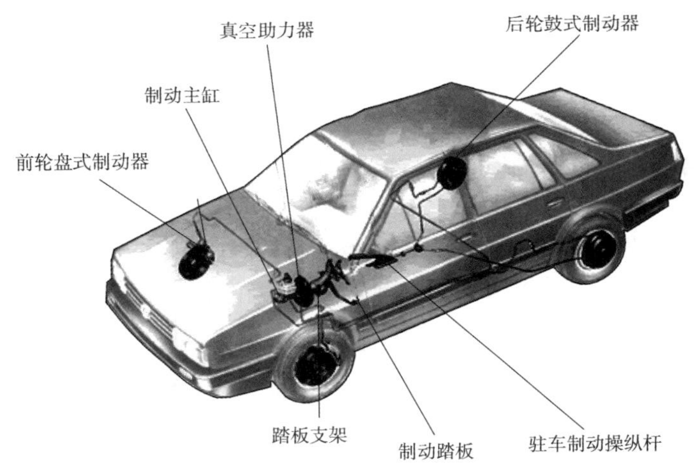

图 1-5　汽车制动系统

按照传动介质的不同,汽车制动系统一般可以分为气压式和液压式。轿车上普遍采用了带真空助力装置的液压制动系统。

三　实训器材

(1)举升工位 4 个。

(2)雪佛兰科鲁兹车辆 4 台。

(3)手套 4 双、手电筒 4 个。

四 实训要求与注意事项

(1)在操作开始前,先将车辆安全举升到适当高度。
(2)注意防止高温部件烫伤身体。
(3)实训过程要符合车辆维修的操作规程。

五 教学组织

1. 教学组织形式

本课程为“小班化”实训课,实训教师 1 名,学生 24 名,实训室共 4 个实训工位,按照 6 人一组工位编组。

2. 实训教师职责

通过 PPT 展示、教学视频播放等信息化教学手段,结合教师实车讲解,实施实训教学内容。组织学生分组,巡视、检查、指导和纠正学生操作过程中的错误,实训结束进行课堂总结,组织学生做好 5S 管理工作。

3. 学生职责

认真观看 PPT 课件和教学视频,完成教师布置的任务,课后做好清洁、整理等 5S 管理工作。

六 操作步骤

(一)汽车传动系统认识

1. 离合器总成

认识观察离合器,仔细听老师讲解离合器的作用与组成。了解各部件的安装位置,并尝试指出他们。

离合器(图 1-6)的作用主要包括传递转矩、保证汽车平稳起步、便于换挡、防止传动系统过载和减振。目前汽车上普遍采用周布弹簧离合器和膜片弹簧离合器。

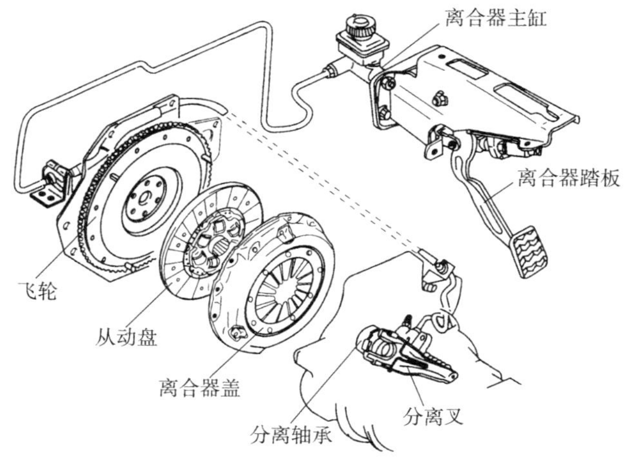

图 1-6 离合器总成

离合器由主动部分、从动部分、压紧装置和操纵机构四大部分组成。离合器主动部分包括飞轮、压盘和离合器盖。从动部分是从动盘。压紧装置是装在压盘与离合器盖之间的压紧弹簧,用于对压盘产生压紧力,将从动盘压紧在飞轮与压盘之间。操纵机构由离合器踏板、拉杆、分离拨叉、分离轴承、分离杠杆、复位弹簧等组成。

2. 变速器

观察变速器实物(图 1-7),并仔细听老师讲解其主要类型与特点。

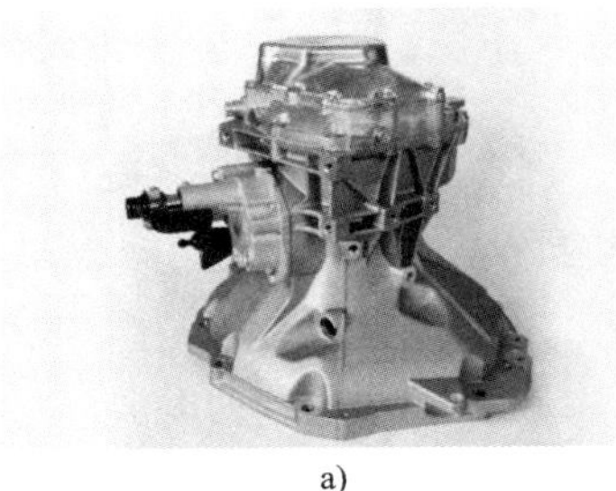

a)

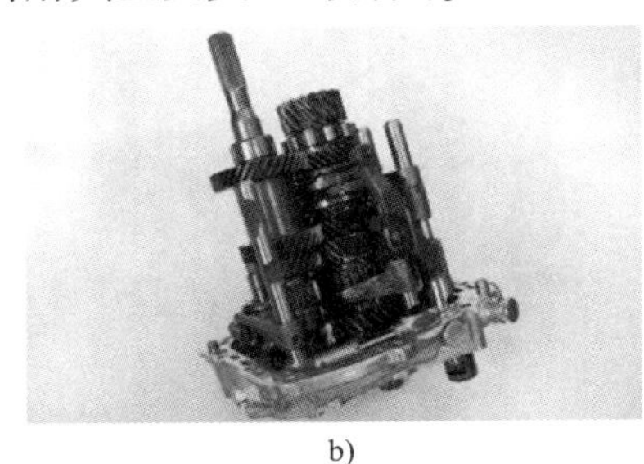

b)

图 1-7　变速器

变速器分为手动变速器和自动变速器。其中手动变速器的作用主要为改变传动比,扩大驱动轮转矩和转速的变化范围,以适应不同行驶条件的需要、实现汽车倒退行驶和利用空挡中断动力传递。

3. 万向传动装置及半轴

观察万向传动装置及半轴实物图(图 1-8),并仔细听老师讲解其基本作用。

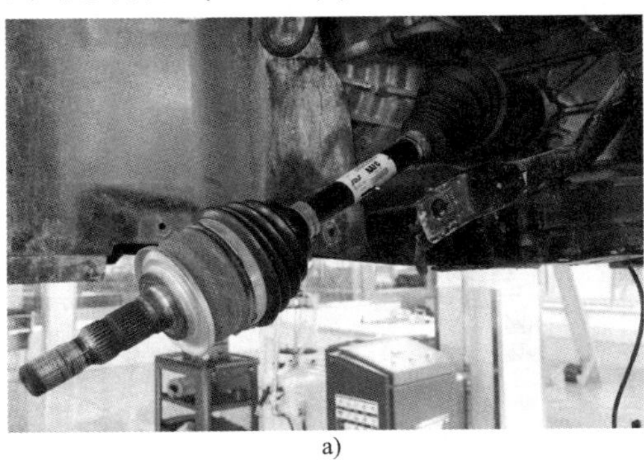

a)

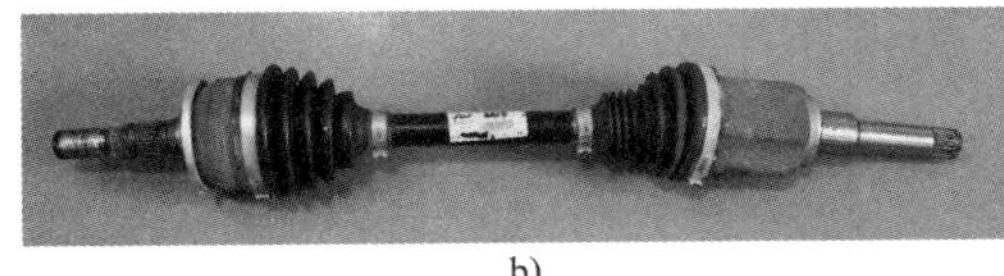

b)

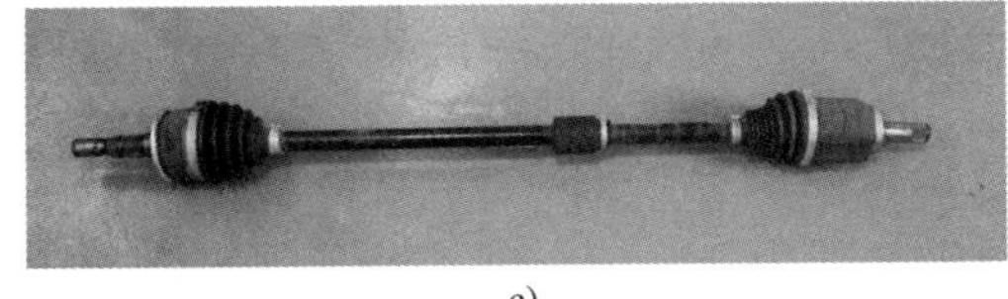

c)

图 1-8　万向传动装置

万向传动装置的作用是能在汽车上任何一对有轴间夹角和相对位置经常发生变化的转轴之间传递动力。

4. 主减速器及差速器

观察主减速器及差速器的实物,仔细听老师讲解其主要作用,并尝试指出其安装位置。

主减速器[图 1-9a]的作用是将输入的转矩增大,转速降低,并将动力传递方向改变后传给差速器。差速器[图 1-9b]的作用是将主减速器传来的动力传递给左右半轴,并在必要时允许半轴以不同转速旋转,以满足两侧驱动轮差速的需要。

a) b)

图 1-9 主减速器及差速器

(二)汽车行驶系统认识

汽车行驶系一般由车架、车桥、车轮和前后悬架等组成。其主要作用为支承、传力、缓冲、减振、导向。悬架一般由弹性元件、导向机构、减振器和横向稳定杆等组成。

1. 前悬架

前悬架的构造如图 1-10 所示。

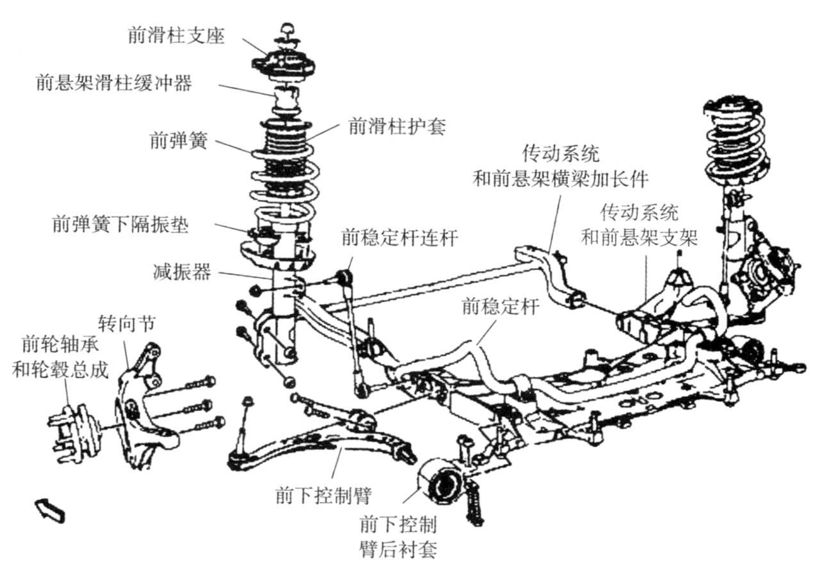

图 1-10 汽车前悬架

实训过程中,尝试指出前悬架中的具体零部件及其安装位置。

2. 后悬架

后悬架的构造如图 1-11 所示。

实训过程中,尝试指出后悬架中的具体零部件及其安装位置。

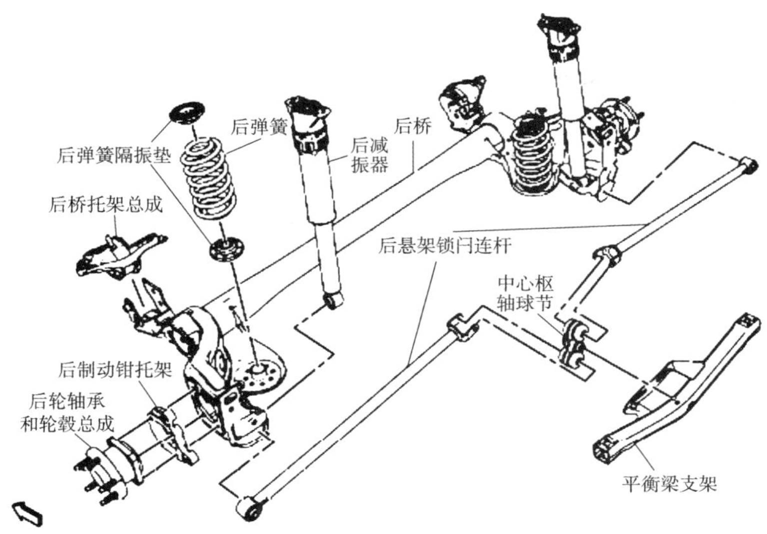

图 1-11 汽车后悬架

(三)汽车转向系统认识

电动式电控动力转向系统简称电动式 EPS,通常由转矩传感器、车速传感器、电控单元(ECU)、电动机和电磁离合器等组成。电动式 EPS 是利用电动机作为动力源,根据车速和转向参数等,由 ECU 完成助力控制。

1. 转向盘

转向盘的实物图与构造如图 1-12 所示。

a)

b)

图 1-12 转向盘

观察转向盘实物图,了解其安装位置与组成部件。

2. 转向轴

观察转向轴的实物图(图 1-13),了解其基本外形。

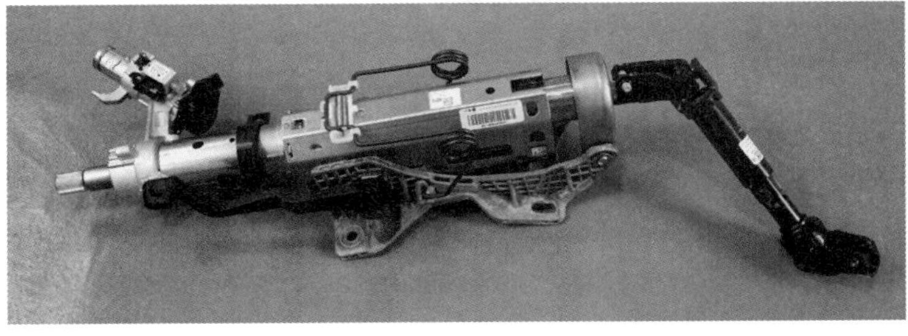

图 1-13 转向轴

3. 转向器

观察转向器及转向辅助电动机(图 1-14),并了解其基本构造。

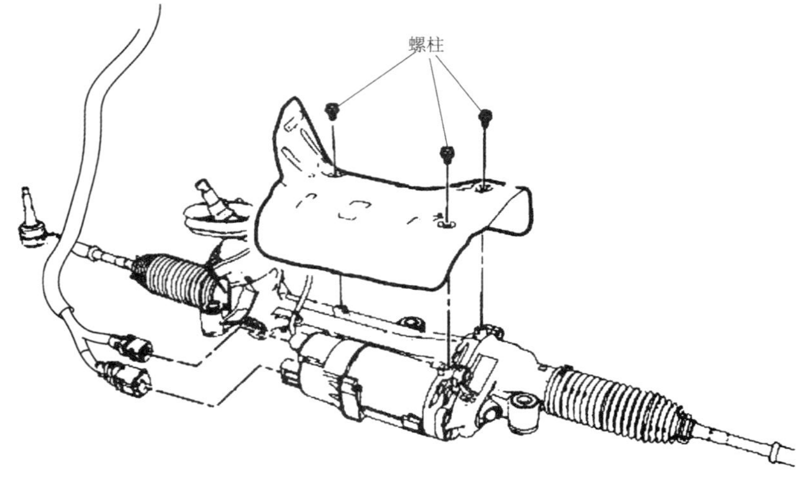

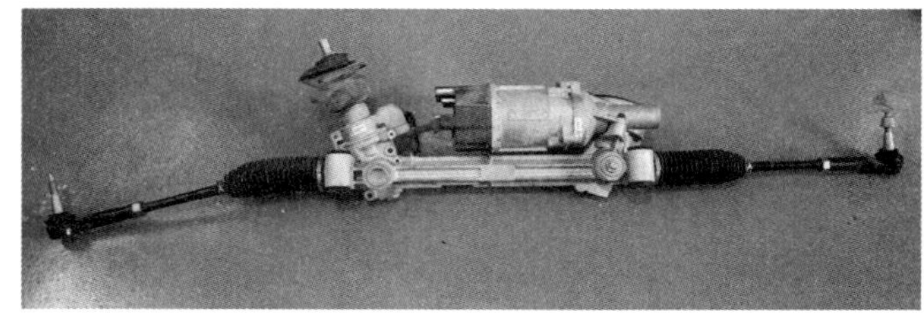

图 1-14 转向器及转向辅助电动机

4. 转向节

观察转向节的实物图(图 1-15),并了解其基本构造。

图 1-15 转向节

(四)汽车制动系统认识

按结构不同,制动器分为鼓式制动器和盘式制动器。部分轿车上,前轮采用盘式制动器,后轮采用鼓式制动器。

1. 盘式制动器

观察盘式制动器的实物图(图 1-16),并尝试指出其基本构造。

a)

b)

图 1-16 盘式制动器

2. 鼓式制动器

观察鼓式制动器的实物图(图 1-17),并尝试指出其基本构造。

a)

b)

图 1-17 鼓式制动器

3. 驻车制动器

观察驻车制动器手柄(图 1-18),并了解其安装位置。

图 1-18 驻车制动器手柄

七 评分标准

实训评分表见表1-1。

实 训 评 分 表 表1-1

序号	考 核 项 目	满分	评 分 标 准	得分
1	作业前准备	5	酌情扣分	
2	工位停车	5	停车不当扣5分	
3	汽车传动系统认识	20	正确指出一个传动系统零件得2分	
4	汽车转向系统认识	20	正确指出一个转向系统零件得2分	
5	汽车行驶系统认识	20	正确指出一个行驶系统零件得2分	
6	汽车制动系统认识	20	正确指出一个制动系统零件得2分	
7	作业后整理	10	酌情扣分	
8	遵守相关安全规范	因违规操作造成人员和设备事故的,总分按0分计		
分数合计		100		

项目二　离合器与变速器

实训2　离合器压盘和从动盘的拆装

一　实训目标

(1)熟悉离合器的工作过程。

(2)掌握压盘和从动盘的正确拆装步骤。

二　实训内容

1. 离合器的组成

离合器装在发动机与变速器之间。汽车通过离合器的分离与接合,来控制发动机与变速器之间动力的切断与传递。离合器具有以下功能:

(1)传递转矩。

(2)保证汽车平衡起步、便于换挡。

(3)防止传动系统过载。

(4)减振。

大多数离合器还装有扭转减振器,能衰减发动机和传动系统的扭转振动。目前汽车上普遍采用了周布弹簧离合器和膜片弹簧离合器。

离合器的基本结构如图2-1所示。根据各元件的动力传递和作用不同,离合器可分为主动部分、从动部分、压紧装置和操纵机构。压紧装置(膜片弹簧)将从动盘压紧在飞轮端面上,发动机转矩靠飞轮与从动盘接触面之间的摩擦传递到从动盘,再经过从动轴等传给驱动轮。

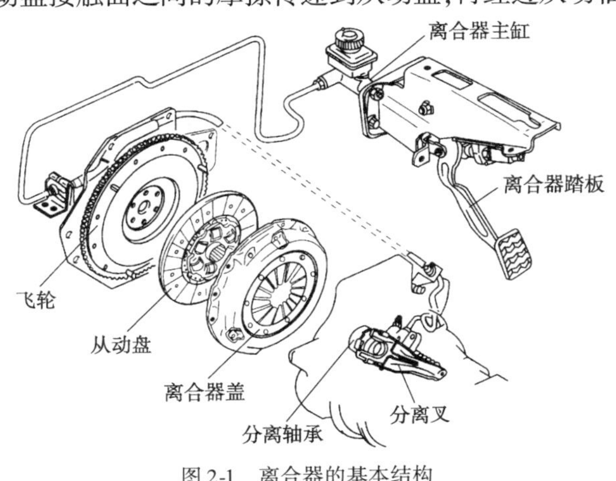

图2-1　离合器的基本结构

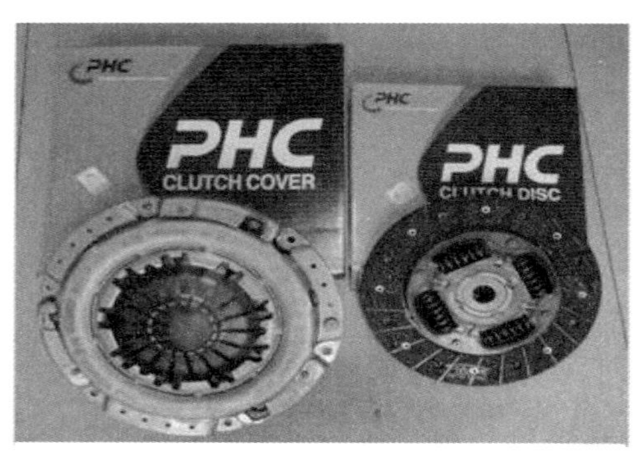

图2-2 离合器压盘和从动盘

2. 离合器压盘和从动盘

离合器的压盘和从动盘(图2-2)是离合器的两大重要组成部分。压盘负责将飞轮的动力传递给从动盘。从动盘的作用是将压盘传来的动力传递给变速器第一轴。通过摩擦转换,压盘与从动盘把发动机的转矩传给变速器,减小传动系统的振动和冲击,完成“离”“合”任务。

3. 工作过程

(1)接合状态。

离合器处于接合状态时,离合器踏板处于最高位置。分离杠杆与分离轴承之间存在间隙,压盘在压紧弹簧的作用下压紧从动盘,发动机的转矩经飞轮及压盘传递给从动盘,再由从动盘传给变速器第一轴。离合器传递的最大转矩取决于从动盘摩擦表面的最大静摩擦力,其与摩擦表面间的压紧力、摩擦面积以及摩擦材料特性有关。对一定结构的离合器而言,其最大静摩擦力是一个定值,若传动系统传递的转矩超过这一定值,离合器就会打滑,从而起到过载保护的作用。

(2)分离过程。

离合器分离时,需踩下离合器踏板,通过拉杆、分离拨叉、分离套筒消除间隙后,使分离杠杆外端拉动压盘,克服压紧弹簧的压力向后移动,压盘与从动盘之间产生间隙,摩擦力矩消失,离合器主、从动部分分离,切断动力传递。

(3)接合过程。

当需要动力传递时,缓慢抬起离合器踏板,在压紧弹簧的作用下,压盘向前移动并逐渐压紧从动盘,摩擦力矩也渐渐增大。压盘与从动盘刚接触时,其摩擦力矩比较小,离合器主、从动部分可以不同步旋转,即离合器处于打滑状态。随着压紧力的逐步加大,离合器主、从动部分的转速也渐趋相等,直到完全接合而停止打滑。

4. 离合器的自由间隙及自由行程

从离合器的工作原理可知,为了保证离合器在传递转矩时处于完全接合状态,不会出现打滑现象,离合器在接合状态时,在分离杠杆内端与分离轴承之间必须预留一定量的间隙,此间隙即为离合器的自由间隙。

踩下离合器踏板时,首先必须消除这一间隙,然后才能开始分离离合器。为了消除这一间隙所需的离合器踏板行程称为离合器踏板的自由行程。从动盘摩擦片磨损后,离合器的自由间隙及自由行程会变小,应及时调整。

5. 实训任务

根据维修手册的要求,更换离合器压盘和从动盘。为了避免损坏压盘弹簧片末端,需用专用工具来拆卸和安装离合器压盘。利用专用工具使离合器导管对准中心。在拆装离合器压盘和从动盘时,需用专用工具固定飞轮。

三 实训器材

(1)带离合器的科鲁兹手动挡变速器工位4个。

(2)离合器台架翻转架4台。
(3)专用工具4套。
(4)常用汽车维修工具4套。

四 教学组织

1. 教学组织形式

本次课程为实训操作课,实训教师1名,学生24名,实训室共有4个实训工位,按照6人一个工位编组。

2. 学生的站位分工和要求

每位学生按规定的工位站立,按教师的指令进行操作。

3. 实训教师职责

确定各小组的分工;进行操作示范并提示注意事项;工位间巡视、检查、指出学生的失误之处并加以记录,课后进行总结;组织学生清洁整顿实训场地。

4. 学生职责

认真观看教师操作示范;完成教师布置的任务;做好课后的清洁、整理等5S管理工作。

五 操作步骤

(一)拆卸压盘和从动盘

(1)拆下变速器(图2-3)。
(2)将固定工具安装至发动机缸体,如图2-4所示。

图2-3 变速器

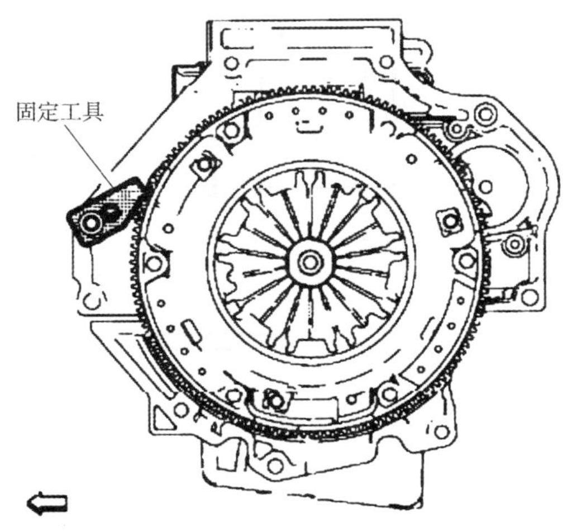

图2-4 飞轮固定工具的安装

(3)将离合器拆卸/安装工具连接至发动机缸体,如图2-5所示。
(4)将四个螺栓(图2-5所示箭头处)安装至发动机缸体,但不要紧固。
(5)将所需离合器对中导管连接至冲子,如图2-6所示。

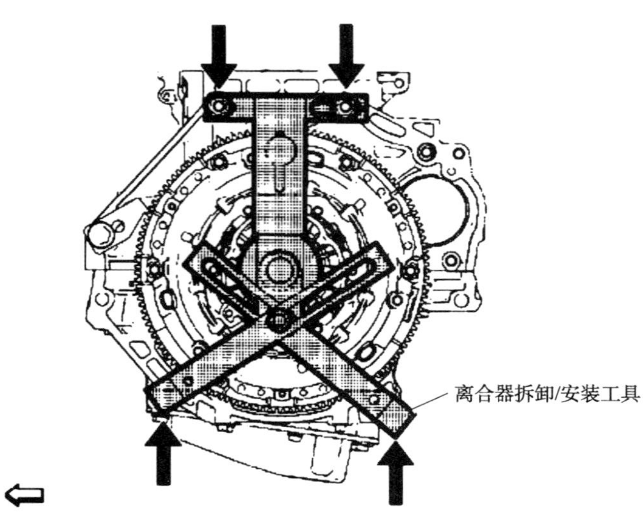

图 2-5　离合器拆卸/安装专用工具

(6)紧固离合器拆卸/安装专用工具。

①通过离合器拆卸/安装专用工具将离合器对中导管中心冲子插入离合器压盘和曲轴中心(图 2-6 中箭头处)。

②紧固滚花轮。

③紧固螺栓。

④紧固将离合器拆卸/安装专用工具安装至发动机缸体的 4 个螺栓。

(7)使用离合器拆卸/安装专用工具预压离合器弹簧,如图 2-7 所示。

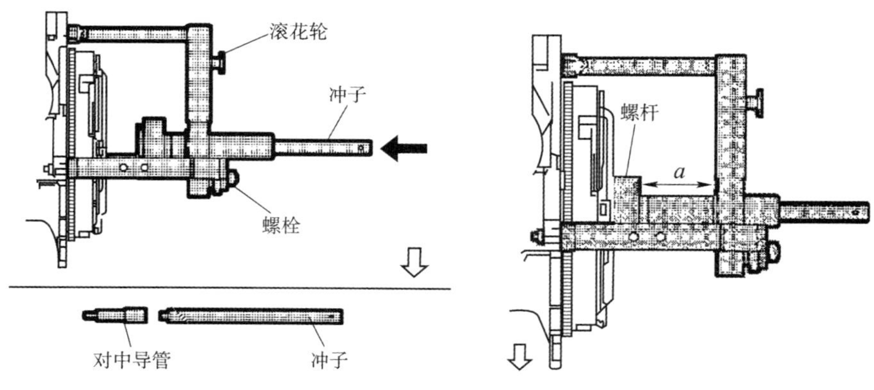

图 2-6　离合器对中导管的连接

图 2-7　预压离合器弹簧

①转动螺杆直至其靠近离合器压盘的弹簧片。

②测量距离 a。

注意:不要过度旋转,留出离合器盘自由运动的空间即可。

③顺时针转动螺杆直至延长大约 8mm 的距离。

④检查离合器盘是否自由运动,如图 2-7 所示。

注意:确认装配螺栓时是否涂抹螺纹锁止胶。

(8)拆下并报废6个离合器压盘螺栓,如图2-8所示。

(9)松开离合器拆卸/安装专用工具,如图2-9所示。

①逆时针转动拆卸/安装工具的螺杆直至停止。

②拆下与离合器对中导管(图2-9中箭头处)配合使用的中心冲子。

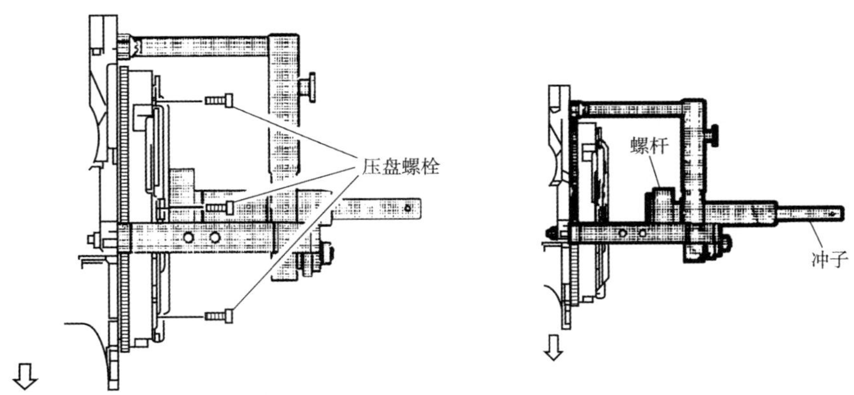

图2-8　离合器压盘螺栓　　　　图2-9　离合器拆卸/安装专用工具的拆卸

(10)拆下离合器压盘和离合器从动盘,如图2-10所示。

离合器压盘和从动盘若被异物(油、清洁剂等)污染,必须更换。检查毂侧面的离合器从动盘是否损坏或有灰尘,必要时进行更换。请勿使用高压清洁剂或零件清洗机清洁离合器压盘和从动盘。

(11)必要时,检查离合器压盘和从动盘并更换,如图2-11所示。

检查内容主要为离合器从动盘过度磨损、摩擦面燃烧、摩擦面上有油、花键毂损坏和弹簧损坏。另外衬片凸起若少于0.5mm(图2-11中箭头处),则必须更换离合器从动盘。

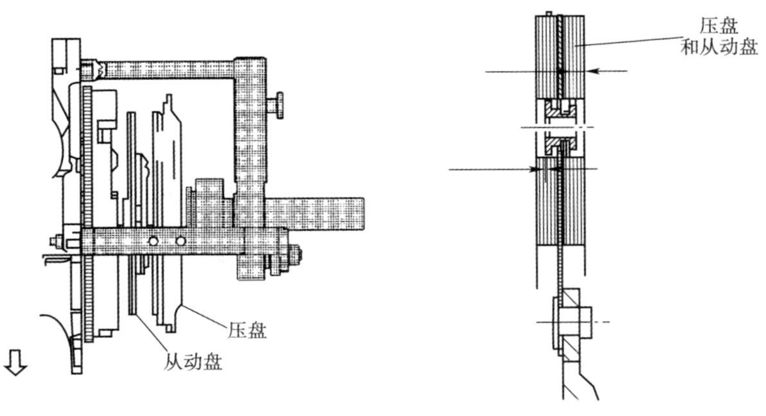

图2-10　离合器压盘和从动盘　　　　图2-11　离合器压盘和从动盘的检查

(12)检查离合器衬片铆钉上的衬片是否凸起。

(13)将离合器压盘滑至变速器输入轴并检查是否易于移动。

(二)安装压盘和从动盘

(1)将衬套安装至曲轴。衬套固定在曲轴上,如图 2-12 所示。

(2)磨切 6 个离合器压盘螺栓螺纹。

安装离合器从动盘时必须使盘上的字母“Getriebeseite”(齿轮箱)朝向变速器。

(3)安装离合器从动盘和离合器压盘,如图 2-13 所示。使用与离合器对中导管配合使用的中心冲子对中离合器从动盘。注意请勿过度远离。

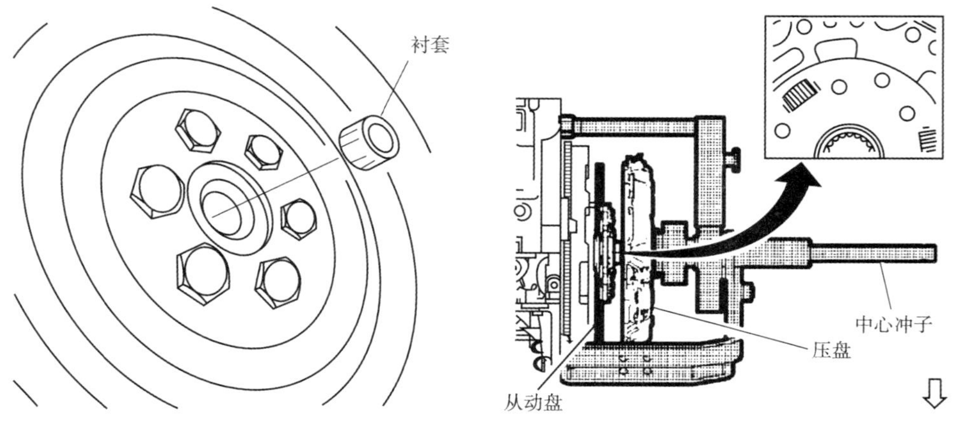

图 2-12　离合器衬套　　图 2-13　离合器从动盘和压盘的安装

(4)使用离合器拆卸/安装专用工具预压离合器弹簧(图 2-14)。顺时针转动螺杆直至飞轮和压盘对准(图 2-14 中箭头处)。

此时,装配离合器压盘螺栓时要涂抹螺纹锁止胶。维修时可能提供未密封的螺栓,此时在螺栓上涂抹螺纹锁止胶。如果紧固件未密封,则安装新的离合器压盘螺栓。请勿重复使用旧的螺栓。

(5)安装 6 个新的离合器压盘螺栓,如图 2-15 所示。

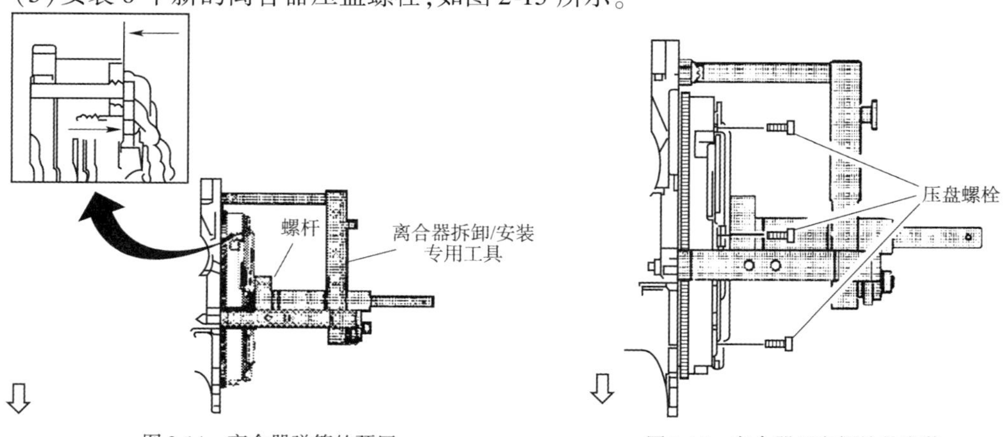

图 2-14　离合器弹簧的预压　　图 2-15　离合器压盘螺栓的安装

(6)紧固离合器压盘螺栓至 28N · m。

(7)从发动机缸体上拆下离合器拆卸/安装专用工具,如图 2-16 所示。

①逆时针转动离合器拆卸/安装专用工具的螺杆直至停止。

②拆下与离合器对中导管(箭头处)配合使用的中心冲子。

③拆下使用离合器拆卸/安装专用工具的 4 个固定螺栓。

(8)从发动机缸体上拆下固定工具,如图 2-17 所示。

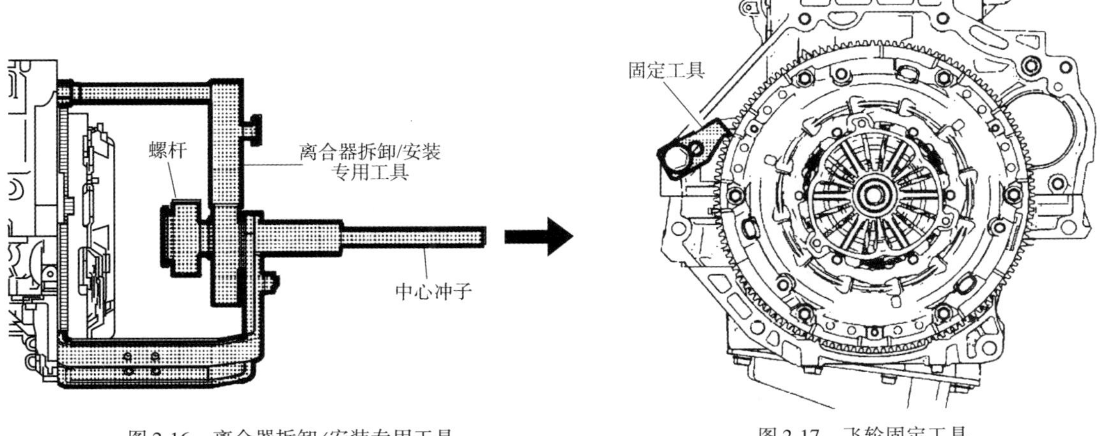

图 2-16　离合器拆卸/安装专用工具

图 2-17　飞轮固定工具

(9)安装变速器。

六 评分标准

实训评分表见表 2-1。

实 训 评 分 表　　表 2-1

序号	考 核 项 目	满分	评 分 标 准	得分
1	作业前整理工位	5	酌情扣分	
2	安装专用工具	5	操作不当扣 5 分	
3	对中并紧固专用工具	5	操作不当扣 5 分	
4	使用专用工具预载弹簧	10	操作不当扣 10 分	
5	拆卸压盘螺栓并松开工具	10	操作不当扣 10 分	
6	取下并检查压盘和从动盘	10	操作不当扣 10 分	
7	安装衬套并磨切压盘螺栓螺纹	10	操作不当扣 10 分	
8	安装从动盘和压盘	10	操作不当扣 10 分	
9	使用专用工具预载弹簧	10	操作不当扣 10 分	
10	安装并紧固新离合器压盘螺栓	10	操作不当扣 10 分	
11	取下专用工具	10	操作不当扣 10 分	
12	作业后整理工位	5	酌情扣分	
13	遵守相关安全规范	因违规操作造成人员和设备事故的,总分按 0 分计		
分数合计		100		

实训3　离合器主缸的更换

一 实训目标

(1)了解离合器主缸的组成及工作过程。

(2)掌握离合器主缸的正确更换步骤。

二 实训内容

1. 离合器主缸

离合器的操纵机构起始于离合器踏板,终止于分离杠杆,可分为机械式和液压式两种。液压式操纵机构由离合器踏板、离合器主缸、离合器工作缸、分离叉等组成。

离合器主缸又称为离合器总泵,如图3-1所示,是指连接在离合器踏板并通过油管与离合器助力器相连的部分,通过助力器的作用使离合器实现分离。驾驶人踩下离合器踏板时,推杆推动主缸活塞使油压增高,通过软管进入工作缸,迫使工作缸拉杆推动分离叉,将分离轴承推向前;当驾驶人松开离合器踏板时,液压压力解除,分离叉在复位弹簧作用下逐渐退回原位,离合器又处在接合状态。

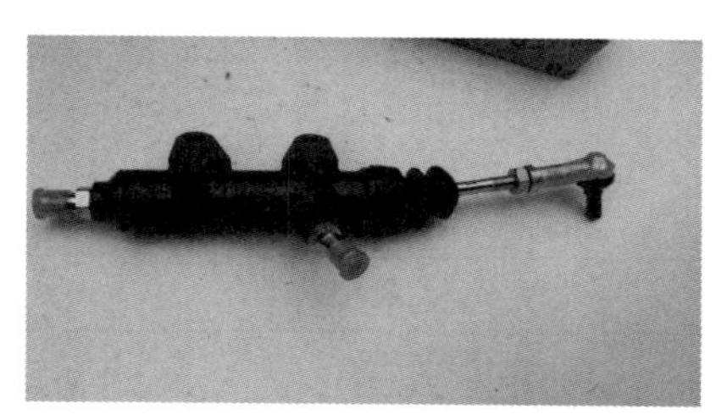

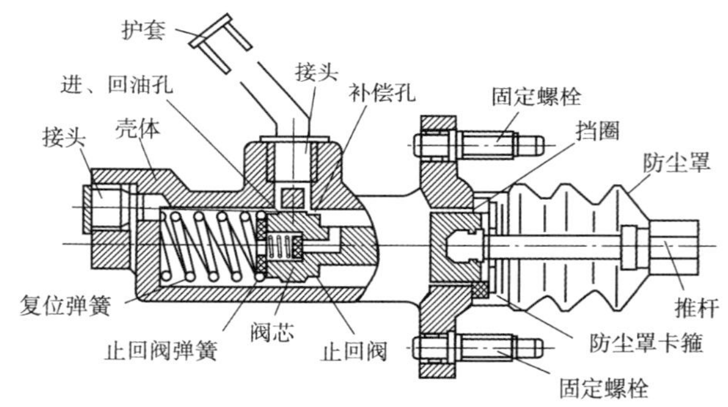

图3-1　离合器主缸

2. 实训任务

根据维修手册的要求,更换离合器主缸。

三 实训器材

(1)手动挡科鲁兹整车4辆。

(2)离合器台架4台。

(3)专用工具4套。

(4)常用汽车维修工具4套。

四 实训要求与注意事项

(1)在操作开始前,检查所有的设备并备齐工具。

(2)安装车轮挡块时,可以用举升机顶起部分车轮。

(3)正确安装三件套和翼子板布、前格栅布。

(4)注意防止热车时冷却液高温造成烫伤。

(5)实训过程要符合车辆维修的操作规程。

五 教学组织

1. 教学组织形式

本次课程为实训操作课,实训教师 1 名,学生 24 名,实训室共有 4 个实训工位,按照 6 人一个工位编组。

2. 学生的站位分工和要求

每位学生按规定的工位站立,按教师的指令进行操作。

3. 实训教师职责

确定各小组的分工;进行操作示范并提示注意事项;工位间巡视、检查、指出学生的失误之处并加以记录,课后进行总结;组织学生清洁整顿实训场地。

4. 学生职责

认真观看教师操作示范;完成教师布置的任务;做好课后的清洁、整理等 5S 管理工作。

六 操作步骤

(一)拆卸离合器主缸

(1)拆下散热器缓冲罐卡夹,如图 3-2 所示。

(2)拆下散热器缓冲罐,将散热器缓冲罐放置在一边。切勿断开发动机冷却液软管。

(3)从主缸上断开主缸储液罐软管和离合器执行器缸前管,如图 3-3 所示。断开储液罐软管之前,从储液罐中排出离合器油液。

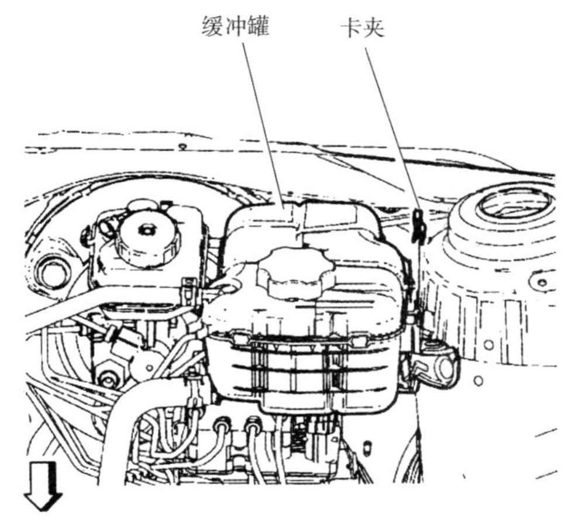

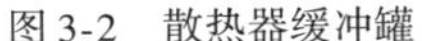
图 3-2　散热器缓冲罐

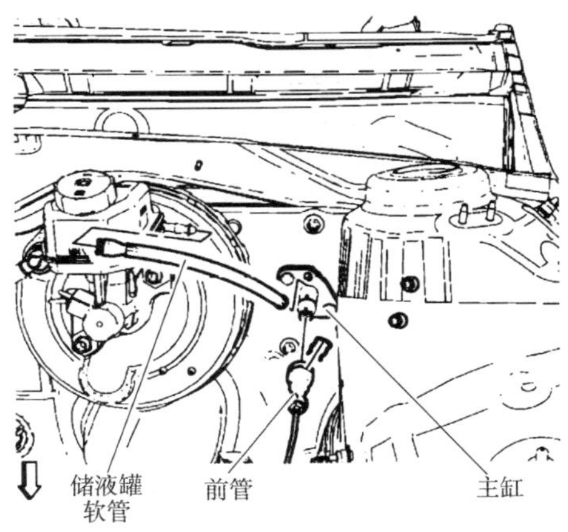

图 3-3　离合器主缸连接软管

(4)使用钳子和专用拆卸工具从离合器踏板上断开离合器主缸推杆,如图3-4所示。
(5)拆下主缸螺母,拆下主缸,如图3-5所示。

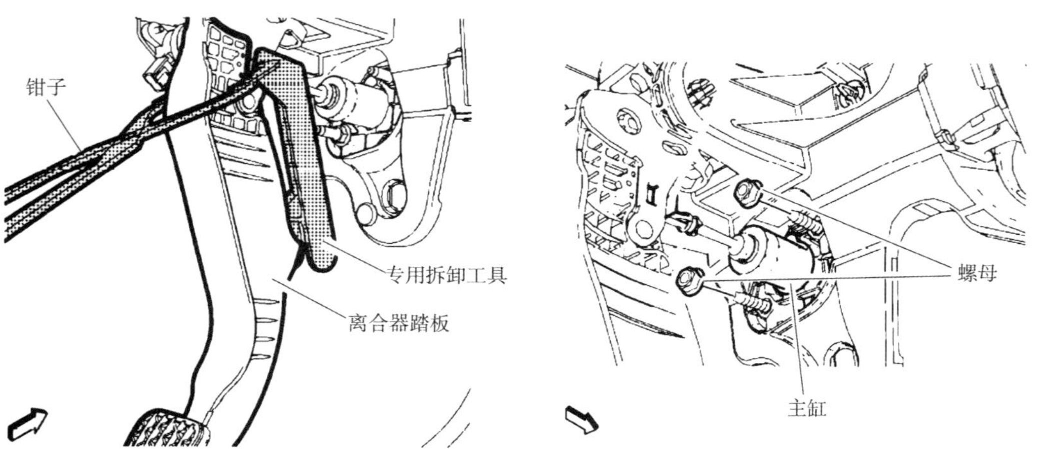

图3-4 离合器主缸推杆

图3-5 离合器主缸螺母

(二)安装离合器主缸

(1)安装主缸,如图3-6所示。安装主缸螺母并紧固至18N·m。
(2)将推杆固定件连接至离合器踏板。
(3)将主缸储液罐软管和离合器执行器缸前管连接至主缸,如图3-7所示。

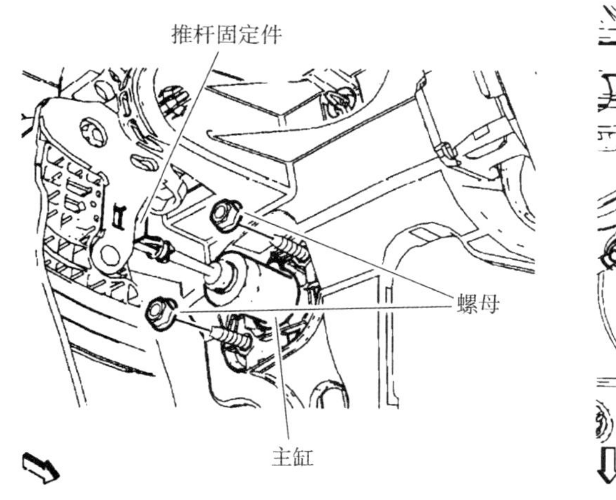

图3-6 安装主缸

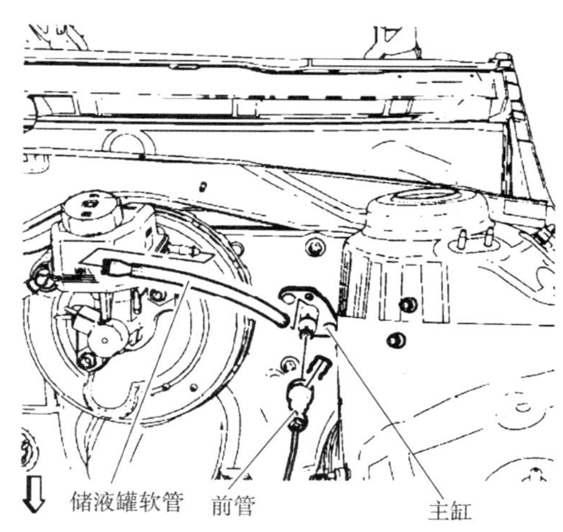

图3-7 安装主缸软管

(4)排出液压离合器系统中的空气。
(5)加注离合器/制动器油液至储液罐最大油位。
(6)安装散热器缓冲罐。
(7)安装散热器缓冲罐卡夹,如图3-8所示。

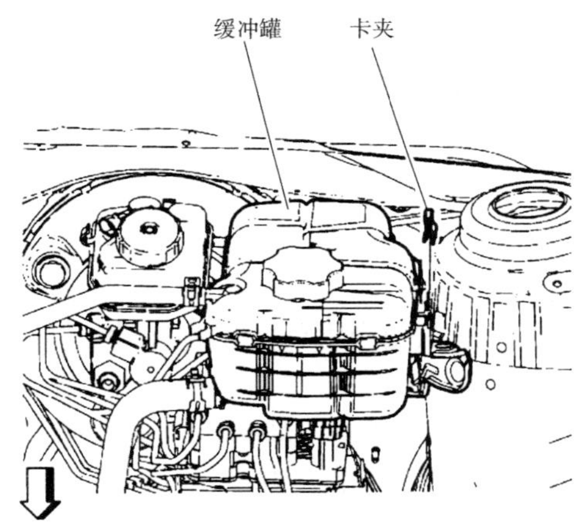

图 3-8 散热器缓冲罐

七 评分标准

实训评分表见表 3-1。

实训评分表 表 3-1

序号	考核项目	满分	评分标准	得分
1	作业前整理工位	5	酌情扣分	
2	拆卸散热器缓冲罐卡夹及缓冲罐	10	操作不当扣 10 分	
3	断开主缸储液罐软管和离合器执行器缸前管	10	操作不当扣 10 分	
4	使用工具断开离合器主缸推杆	10	操作不当扣 10 分	
5	安装主缸及主缸螺母	10	操作不当扣 10 分	
6	将推杆固定件连接至离合器踏板	10	操作不当扣 10 分	
7	安装主缸储液罐软管和离合器执行器缸前管	10	操作不当扣 10 分	
8	排出液压离合器系统中的空气	10	操作不当扣 10 分	
9	加注离合器油液至储液罐最大油位	10	操作不当扣 10 分	
10	安装散热器缓冲罐	5	操作不当扣 5 分	
11	安装散热器缓冲罐卡夹	5	操作不当扣 5 分	
12	作业后整理工位	5	酌情扣分	
13	遵守相关安全规范	因违规操作造成人员和设备事故的,总分按 0 分计		
分数合计		100		

实训 4 手动变速器的拆装

一 实训目标

(1)掌握使用拆装工具的方法。

(2)掌握拆装变速器的方法。

(3)熟悉变速器壳体各零件的名称、位置、结构和作用。

二 实训内容

1. 变速器的组成与功用

当代汽车广泛采用活塞式内燃机作为动力源,其转矩和转速比范围较小,而复杂的使用条件则要求汽车的牵引力和车速能在相当大的范围内变化。为解决这一矛盾,在传动系统中设置了变速器。它的功用有如下方面:

(1)改变传动比。扩大驱动轮转矩和转速的变化范围,以适应经常变化的行驶条件(如起步、加速、上坡等),使发动机在有利的工况下工作。

(2)在发动机旋转方向不变的前提下,使汽车能倒退行驶。

(3)利用空挡,中断动力传递,以便发动机能够起动、怠速,并便于变速器换挡或进行动力输出。

变速器一般由变速传动机构(图4-1)和变速操纵机构(图4-2)组成。根据需要,还可以加装动力输出器。在多轴驱动的汽车上,变速器之后还装有分动器,以便把转矩分别传送给各驱动桥。变速传动机构主要由一系列相互啮合的齿轮副及其支承轴和壳体组成,其主要作用是改变发动机曲轴输出的转速、转矩和转动方向。轿车变速器根据变速传动机构不同,主要有三轴式和二轴式。

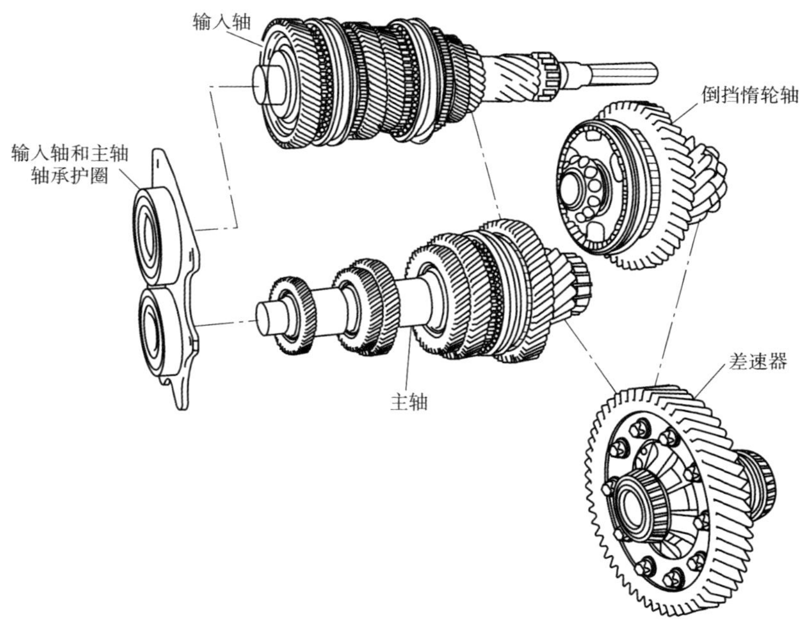

图4-1 变速传动机构

2. 变速器壳体组成与作用

变速器壳体(图4-3)是用于安装变速器传动机构及其附件的壳体结构。

变速器壳体的主要作用是对变速器内部的齿轮及轴进行定位、密封并储存变速器齿轮油液。因此一旦变速器壳体出现损伤造成油液泄漏,就会导致变速器运转过程中内部齿轮润滑不良,严重损坏变速器内部元件,所以需要对变速器壳体进行更换。

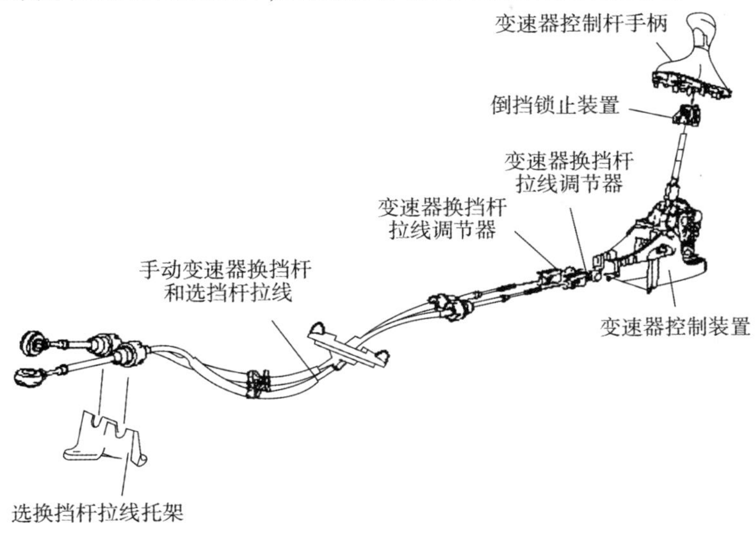

图4-2　变速操纵机构

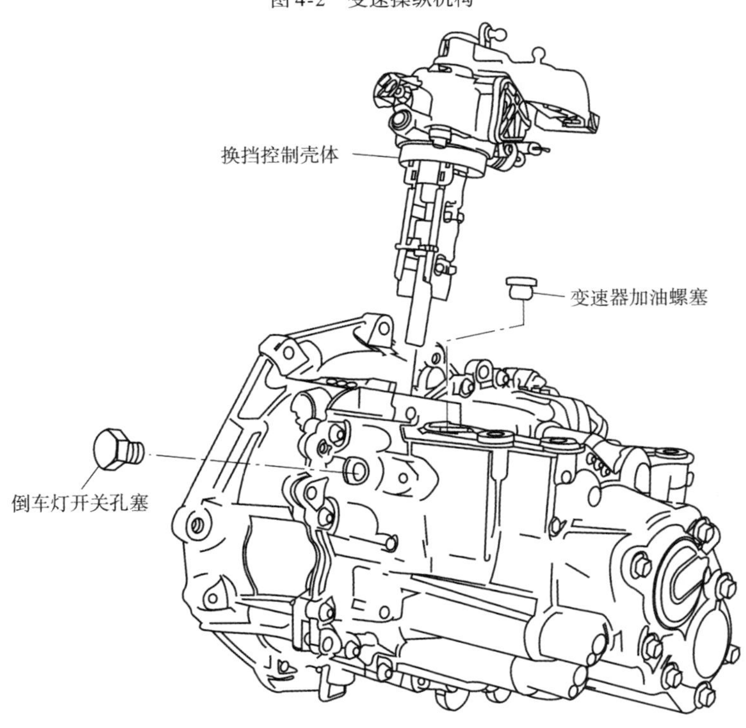

图4-3　变速器壳体

3. 实训任务

按照维修手册的规范要求对变速器进行拆装,通过拆装认识变速器的构成和基本工作过程。

三 实训器材

(1)拆装工位4个。
(2)手动变速器4台。
(3)常用汽车维修工具4套。

四 实训要求与注意事项

(1)在操作开始前,检查所有的设备并备齐工具。
(2)正确规范的使用拆装工具。
(3)拆卸过程中注意零部件的摆放。
(4)实训过程要符合车辆维修的操作规程。
(5)操作过程中应做到油品、工具、配件三不落地,作业完毕后应及时清理车间工作场地,做到现场5S管理。

五 教学组织

1. 教学组织形式

本课程为“小班化”实训课,实训教师1名,学生24名,实训室共有4个实训工位,按照6人一个工位编组。

2. 实训教师职责

通过PPT课件展示、教学视频播放等教学手段,并结合讲解实训任务的操作步骤和相关注意事项;组织学生进行分组事项;巡视、检查、指导和纠正学生操作中的错误;课堂总结;组织学生做好5S管理。

3. 学生职责

认真观看PPT课件和教学视频;完成教师布置的任务;做好课后的清洁、整理等5S管理工作。

六 操作步骤

(一)拆卸手动变速器

(1)拆卸车速表从动齿轮(图4-4)。

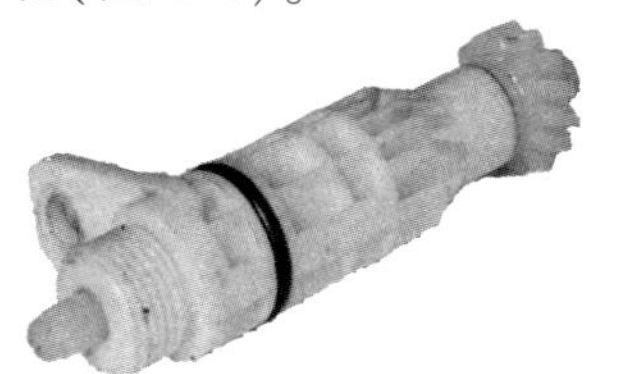

图4-4 车速表从动齿轮

(2)拆卸换挡控制壳体(图 4-5)。换挡控制壳体共 4 个螺栓,衬垫不可再次使用。

(3)拆卸变速器盖(图 4-6)。变速器盖有 5 个短螺栓,6 个长螺栓。变速器盖衬垫不可再次使用。

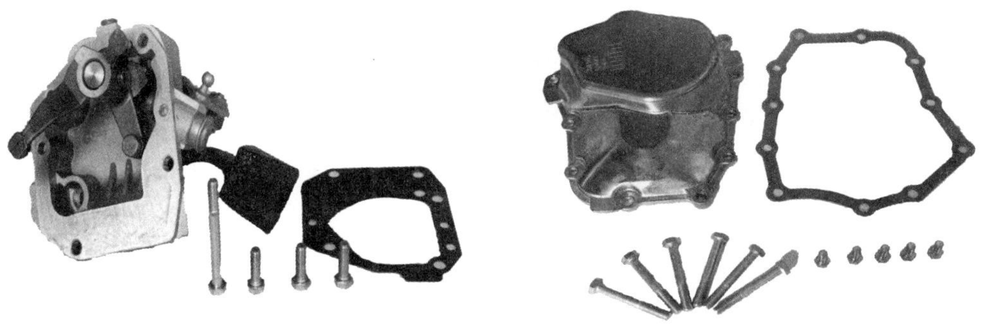

图 4-5　换挡控制壳体　　　　图 4-6　变速器盖

(4)拆卸变速器壳体(图 4-7)。变速器壳体螺栓共 5 个,变速器壳体衬垫不可再次使用。

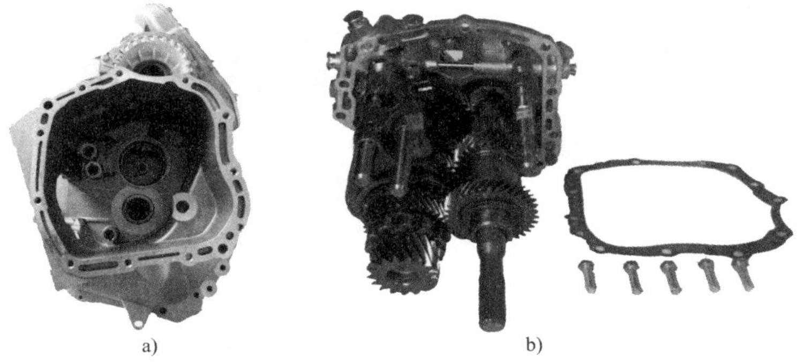

a)　　b)

图 4-7　变速器壳体的拆卸

(5)拆卸五挡换挡拨叉(图 4-8)。5 挡拨叉有 2 个螺栓,2 个换挡拨叉垫块。

(6)拆卸五挡同步器、从动齿轮(图 4-9)。

a)　　b)

图 4-8　五挡换挡拨叉　　　　图 4-9　五挡同步器

(7)使用专用工具拆卸五挡齿轮(图4-10)。

图4-10　五挡齿轮

(8)拆卸五挡联锁杆(图4-11)。五挡联锁杆有2个螺栓。

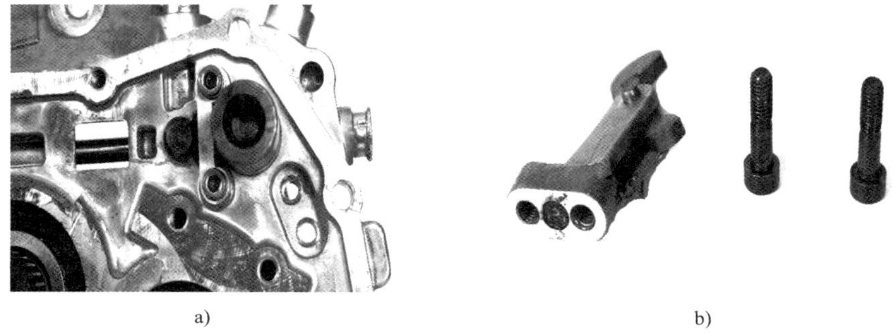

a)　　b)

图4-11　五挡联锁杆

(9)拆卸倒挡换挡拨叉(图4-12)。

图4-12　倒挡换挡拨叉

(10)拆卸换挡轴互锁销连接器螺栓(图4-13)。换挡轴互锁销连接器有2个螺栓。

(11)拆卸三、四挡换挡轴和拨叉总成(图4-14)。

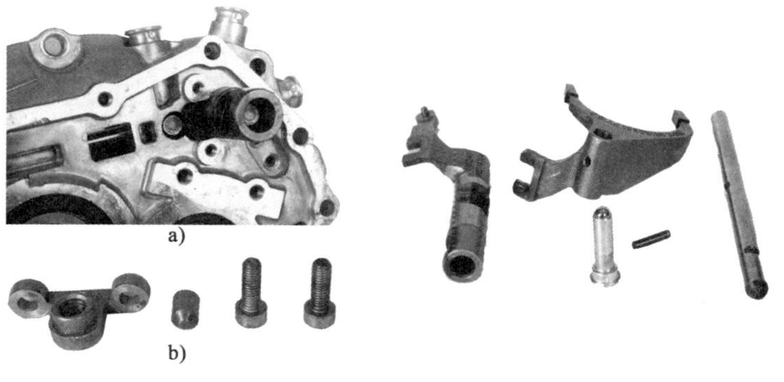

a)

b)

图4-13　互锁销连接器　　图4-14　拨叉总成

(12)拆卸一挡和二挡换挡拨叉(图 4-15)。

(13)拆卸输入轴和主轴(图 4-16)。

图 4-15　拨叉轴

图 4-16　输入轴和主轴

(二)安装手动变速器

(1)安装输入轴和主轴,如图 4-17 所示。

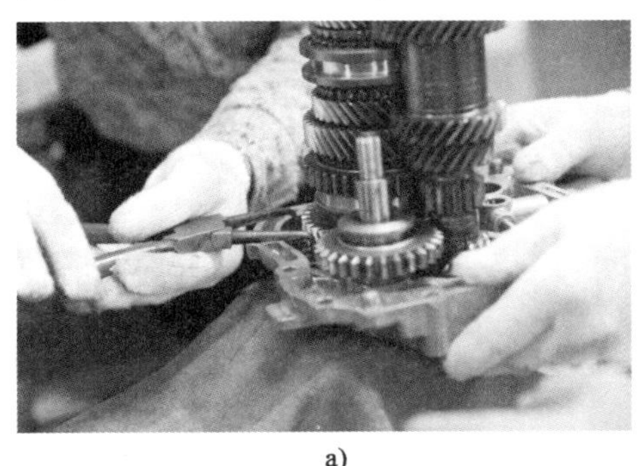

a)

b)

图 4-17　输入轴和主轴的安装

在主轴底部压紧卡环,并使用卡环固定件将其固定。使用卡环钳使卡环在输入轴底部保持打开。将输入轴/主轴总成安装至变速器壳体上。释放主轴卡环和输入轴卡环。

(2)安装一挡和二挡换挡拨叉(图 4-18)。

(3)安装换挡轴互锁销连接器(图 4-19)。

图 4-18　一、二挡换挡拨叉

图 4-19　互锁销连接器

(4)安装三挡和四挡换挡拨叉(图4-20)和五挡换挡联锁。

(5)安装换挡轴互锁销连接器螺栓、互锁销连接器螺栓(图4-21)。换挡轴互锁销连接器螺栓共2个,紧固力矩为7N·m。

图4-20 三、四挡换挡拨叉

图4-21 换挡轴互锁销连接器螺栓

(6)安装倒挡换挡拨叉(图4-22)。

(7)安装五挡联锁杆(图4-23)。五挡联锁杆螺栓共2个,紧固力矩为7N·m。

图4-22 倒挡换挡拨叉

图4-23 五挡联锁杆螺栓

(8)安装五挡齿轮(图4-24)。

(9)安装五挡从动齿轮(图4-25)。

图4-24 五挡齿轮

图4-25 五挡从动齿轮

(10)安装五挡同步器(图 4-26)。

(11)安装五挡换挡拨叉(图 4-27)。五挡拨叉螺栓共 2 个,紧固力矩为 22N · m。

图 4-26　五挡同步器

图 4-27　五挡换挡拨叉

(12)安装变速器壳体(图 4-28)。变速器壳体螺栓共 5 个,紧固力矩为 22N · m。

(13)安装变速器盖(图 4-29)。变速器盖螺栓紧固力矩为 18N · m。

图 4-28　变速器壳体

图 4-29　变速器盖

(14)安装换挡控制壳体(图 4-30)。换挡控制壳体螺栓共 4 个,紧固力矩为 22N · m。

(15)安装车速表从动齿轮(图 4-31)。车速表从动齿轮螺栓紧固力矩为 4N · m。

图 4-30　换挡控制壳体

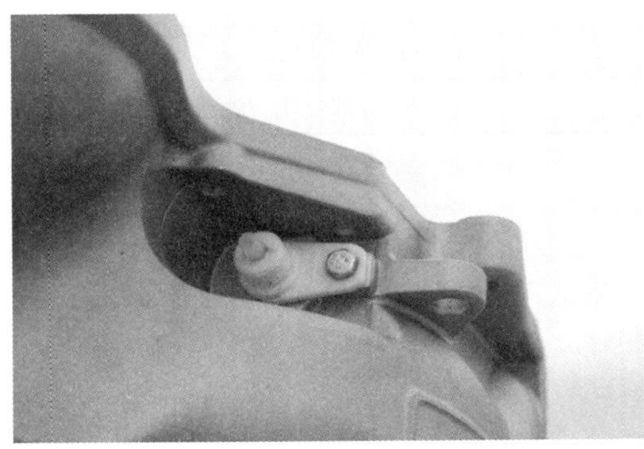

图 4-31　车速表从动齿轮

七 评分标准

实训评分表见表4-1。

实 训 评 分 表　　表4-1

序号	考 核 项 目	满分	评 分 标 准	得分
1	作业前整理工位	5	酌情扣分	
2	拆卸车速表从动齿轮	5	操作不当扣5分	
3	拆卸换挡控制壳体及变速器盖	5	操作不当扣5分	
4	拆卸变速器壳体	5	操作不当扣5分	
5	拆卸五挡换挡拨叉、同步器和齿轮	5	操作不当扣5分	
6	拆卸五挡联锁杆	5	操作不当扣5分	
7	拆卸倒挡换挡拨叉和换挡轴互锁销连接器	5	操作不当扣5分	
8	拆卸三、四挡换挡轴和拨叉总成及一、二挡换挡轴和拨叉总成	5	操作不当扣5分	
9	拆卸输入轴和主轴	5	操作不当扣5分	
10	安装输入轴和主轴	5	操作不当扣5分	
11	安装三、四挡换挡轴和拨叉总成	5	操作不当扣5分	
12	安装一、二挡换挡轴和拨叉总成	5	操作不当扣5分	
13	安装倒挡换挡拨叉和换挡轴互锁销连接器	5	操作不当扣5分	
14	安装五挡联锁杆	5	操作不当扣5分	
15	安装五挡换挡拨叉、同步器和齿轮	5	操作不当扣5分	
16	安装变速器壳体	5	操作不当扣5分	
17	安装换挡控制壳体及变速器盖	5	操作不当扣5分	
18	安装车速表从动齿轮	5	操作不当扣5分	
19	作业后整理工位	10	酌情扣分	
20	遵守相关安全规范	因违规操作造成人员和设备事故的,总分按0分计		
分数合计		100		

项目三 万向传动装置与驱动桥

实训5 万向节传动装置的拆装

一 实训目标

(1)学会万向传动装置的拆卸、分解步骤。
(2)能够认识万向传动装置主要零件的结构及相互装配关系。
(3)掌握万向传动装置的装配、安装方法和要求。

二 实训内容

1. 万向传动装置的作用与结构

万向传动装置(图5-1)是在工作过程中,为相对位置不断改变的两根轴传递动力的装置。其作用是连接不在同一直线上的变速器输出轴和主减速器输入轴,并保证在两轴之间的夹角和距离经常变化的情况下,仍能可靠地传递动力。

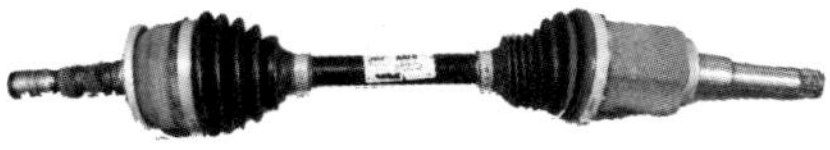

图5-1 万向传动装置

万向传动装置主要由万向节、传动轴和中间支承组成。安装时必须使传动轴两端的万向节叉处于同一平面。

2. 万向传动装置的分类

在汽车上使用的万向节按其刚度大小,可分为刚性万向节和柔性万向节。刚性万向节按其速度特性分为不等速万向节(常用的为十字轴式)、准等速万向节(双联式和三销轴式)和等速万向节(图5-2)(包括球叉式和球笼式等)。目前在汽车上应用较多的是十字轴式刚性万向节和等速万向节。十字轴式刚性万向节主要用于发动机前置后轮驱动的变速器与驱动桥之间,等角速万向节主要用于发动机前置前轮驱动的内、外半轴之间。

3. 实训任务

按照维修手册的规范要求对万向传动装置各个部件和总成进行拆装,通过拆装观察和认识万向传动装置的结构。

三 实训器材

(1)万向传动装置维修常用工具4套。
(2)万向传动装置维修专用工具(拉出器、卡簧钳等)及设备(传动轴动平衡试验台)4套。
(3)万向传动装置总成4套。

(4)科鲁兹轿车4辆。

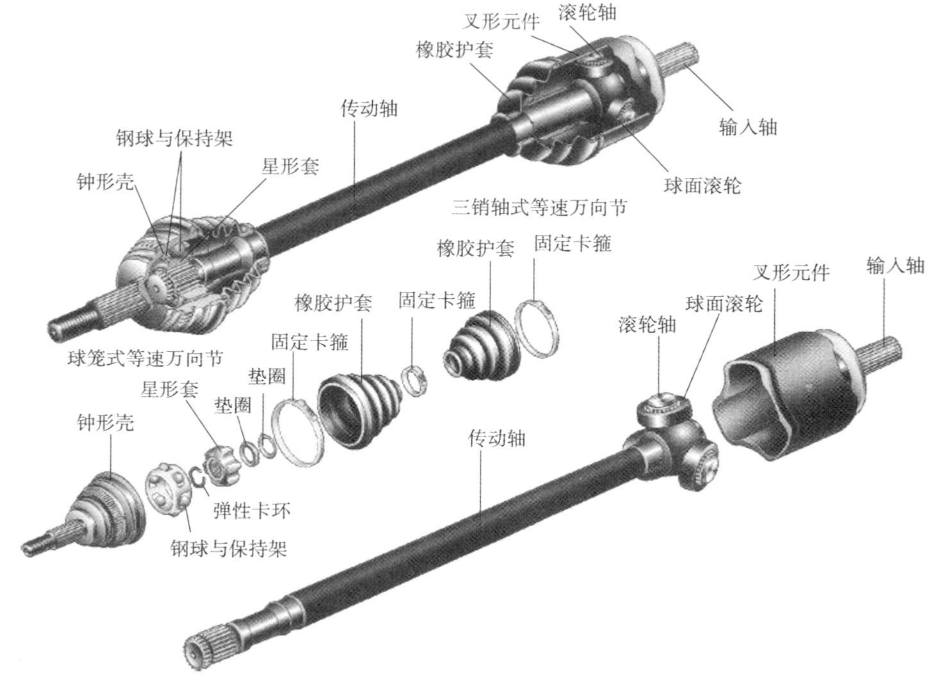

图5-2　等速万向节和传动轴

四 教学组织

1. 教学组织形式

本课程为"小班化"实训课,实训教师1名,学生16名,实训室共有4个实训工位,按照4人一个工位编组。

2. 实训教师职责

通过PPT课件展示、教学视频播放等教学手段,并结合讲解实训任务的操作步骤和相关注意事项;组织学生进行分组事项;巡视、检查、指导和纠正学生操作中的错误;课堂总结;组织学生做好5S管理。

3. 学生职责

认真观看PPT课件和教学视频;完成教师布置的任务;做好课后的清洁、整理等5S管理工作。

五 操作步骤

(一)拆卸万向传动装置

1. 传动轴的拆卸

(1)在车轮着地的情况下,拆下传动轴与轮毂的紧固螺母,如图5-3所示。

(2)旋下传动轴凸缘上的紧固螺栓,将传动轴与凸缘分开,如图5-4所示。

图5-3　拆卸传动轴与轮毂的紧固螺母

图5-4　传动轴

(3)从车轮轴承壳内拉出传动轴(图5-5),或者利用专用的拉出器具将传动轴拉出。拆卸传动轴时绝对不能加热轮毂,否则可能损坏车轮轴承,拆掉传动轴后,应装上一根连接轴来代替传动轴,以防止损坏前轮轴承总成。

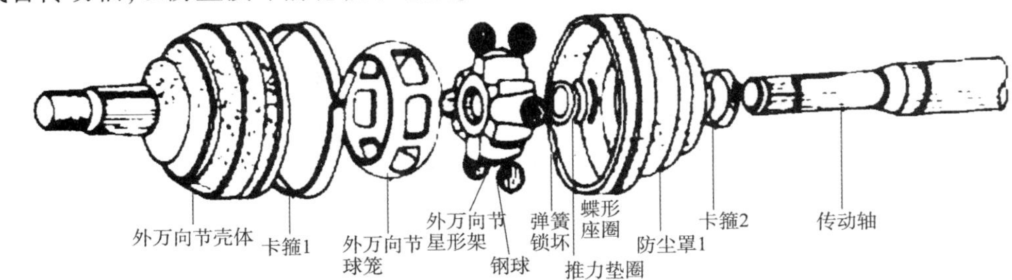

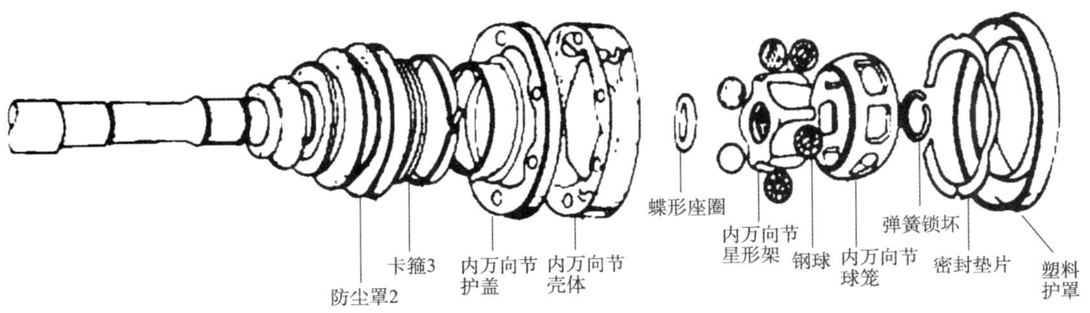

图5-5　传动轴的组成

2. 万向节的拆卸

(1)外万向节(RF节)的拆卸:用钢锯锯开外万向节的卡箍1与2,取下防尘罩1,用轻金属手锤用力将外万向节从传动轴上敲下,如图5-6所示。

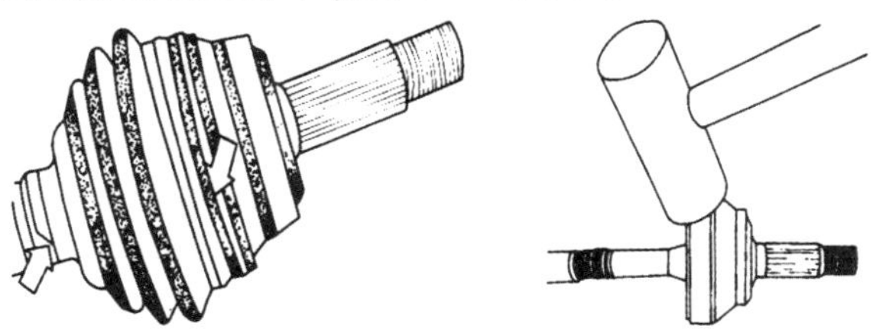

图5-6　外万向节的拆卸

(2)内万向节(VL 节)的拆卸:用卡簧钳拆下弹簧锁环,如图 5-7 所示,然后用专用工具在压力机上将内万向节从传动轴上压出,如图 5-7 所示。

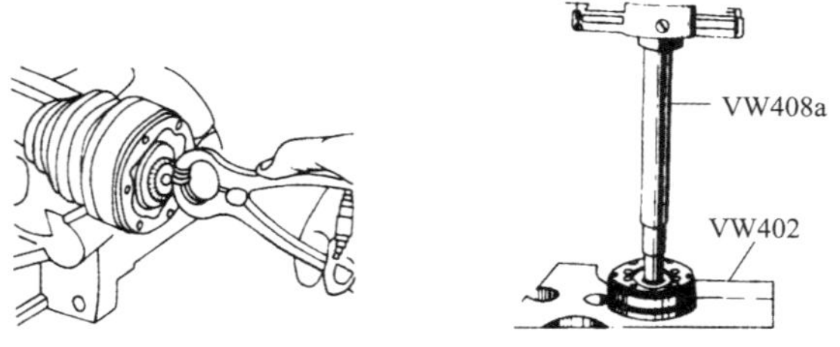

图 5-7　内万向节的拆卸

(二)分解万向节

1. 外万向节的分解

(1)分解前先用油石在外万向节球笼和外万向节壳体上标出外万向节星形架的位置。

(2)旋转星形架和球笼,依次取出钢球,如图 5-8 所示。

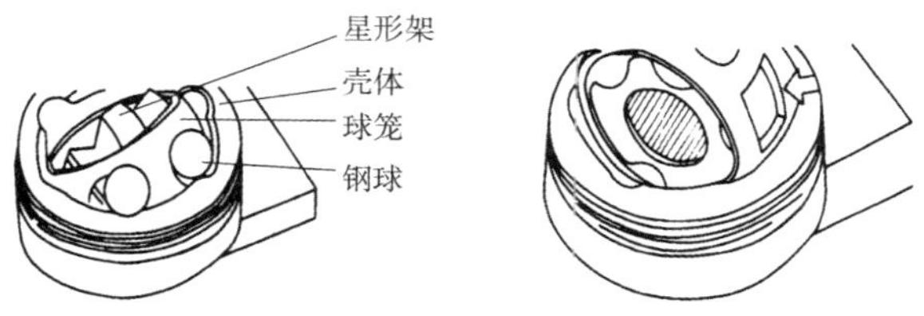

图 5-8　外万向节

(3)用力转动球笼直到球笼上的两个方孔与壳体对直时,如图 5-8 所示箭头,将壳体和球笼一起拆出。

(4)将星形架上的扇形齿旋入球笼的方孔后,从球笼中取出星形架,如图 5-9 所示。

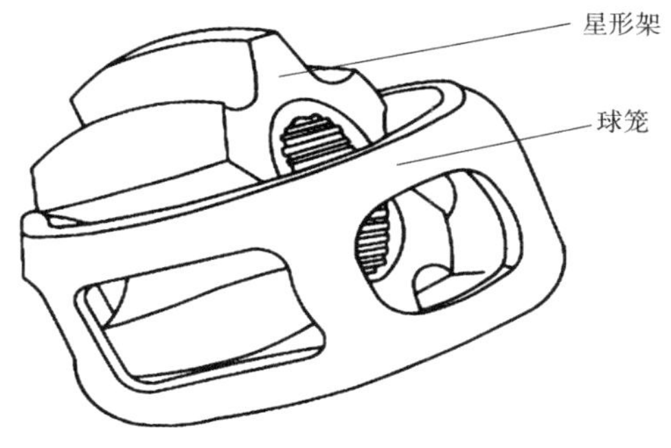

图 5-9　球笼

2. 内万向节的分解

(1)转动星形架与球笼,按图 5-10 中箭头所示方向压出球笼里的钢球。注意:星形架与壳体是成对选配的,不可互换。

(2)照图 5-10 所示的方向从球笼内取出星形架。

(三)清洗与检查零件

(1)认真清洗拆卸下来的零件。

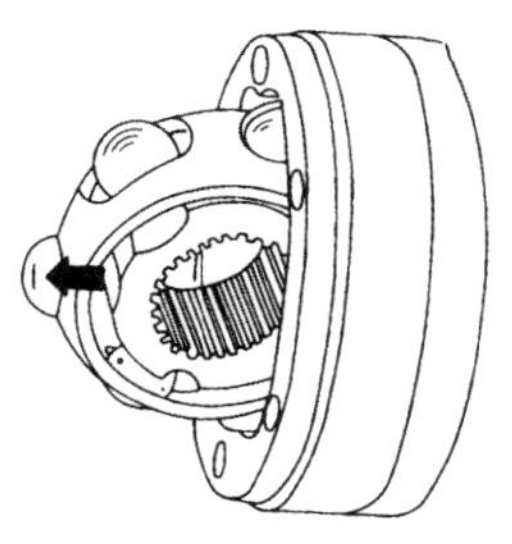
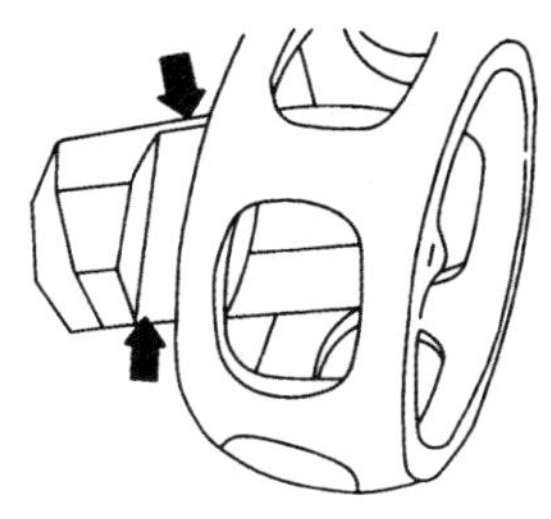

图 5-10 内万向节的分解

(2)检查传动轴。要求传动轴不得发生弯曲或者凹陷,否则应予以更换。

(3)检查万向节。

①检查壳体、星形架、球笼及钢球等主要零件,应该没有凹陷、裂纹、磨损或者缺失。

②各万向节内的六颗钢球要有一定的配合公差,并与星形架成为一组配合件。

③各万向节的间隙应适当,转动自如。

④若在检查中发现零件不能继续使用,应整体更换万向节。

⑤检查其他零件。若防尘套、锁环、蝶形座圈等零件损坏,同样应予以更换。

(四)装配万向传动装置

1. 组装内万向节

(1)对准凹槽将星形架嵌入球笼(星形架在球笼内的位置无关紧要)。

(2)将钢球如图 5-11 所示压入球笼。

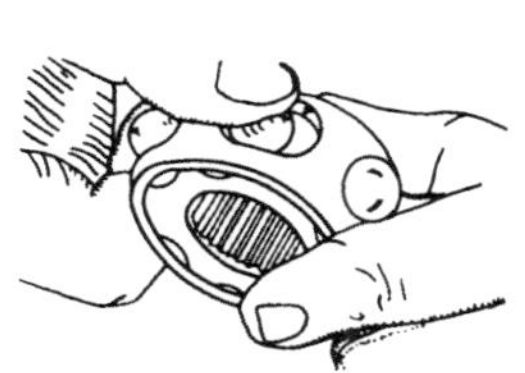
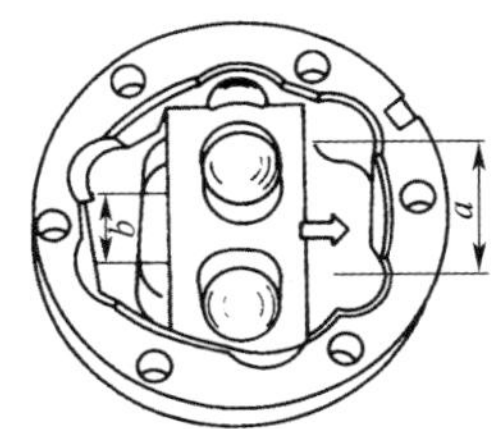

图 5-11 内万向节的组装

(3)将装好的钢球、球笼和星形架垂直装入壳体,安装时应注意旋转之后使壳体上的宽间隔 a 对准星形架上的窄间隔 b(图 5-11),然后转动球笼嵌入到位,装好后必须使星形架内花键齿上的倒角对准球笼的大直径端。

(4)扭转星形架,使其转出球笼,使钢球在与壳体中的球槽相配合有足够的间隙,这样内行星轮就能转出球笼,如图 5-12 中箭头所示。

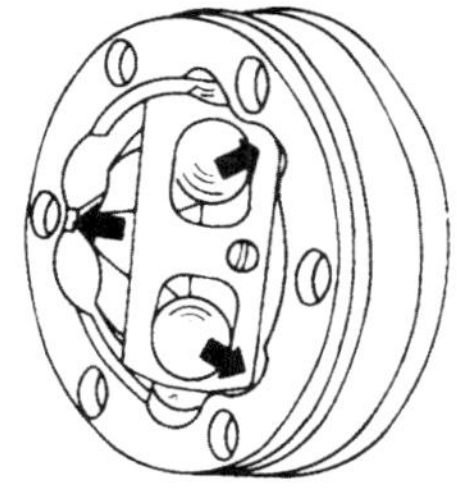
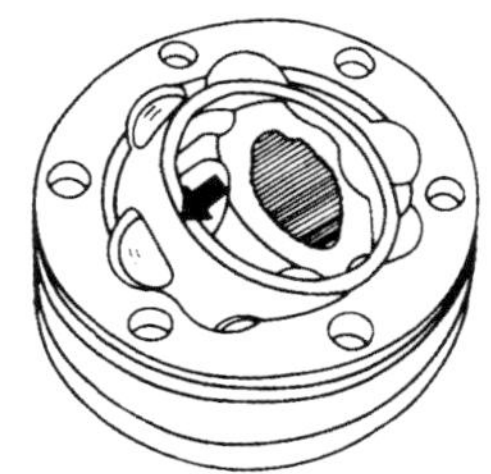

图 5-12 内外向节

(5)按图 5-12 所示的箭头方向用力揿压球笼,使装有钢球的星形架完全装入壳体内。

2. 组装外万向节

(1)将说明书规定的润滑脂总量的一半(45g)注入万向节壳内。

(2)将球笼连同星形架一起装入壳体内。

(3)对角交替地压入钢球,注意必须保持星形架在球笼以及壳体内的原先位置。

(4)将弹簧锁环装入星形架,并把剩余的一半润滑脂压入万向节。

(5)用手在轴线方向来回推动星形架,检查其安装是否正确。

3. 组装万向节与传动轴

(1)在传动轴上装好防尘罩后,参照图 5-13 将蝶形座圈正确安装在轴上。

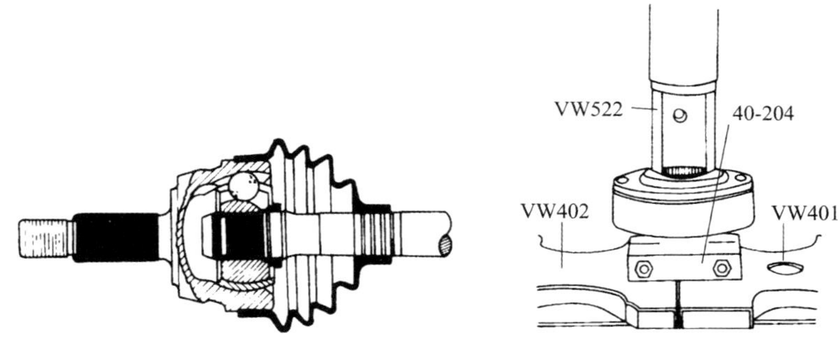

图 5-13　外万向节的组装

(2)如图 5-13 所示,用专用工具在压力机上将内万向节压入传动轴,使蝶形座圈贴合,星形架内花键齿上的倒角应该面向传动轴靠肩。

(3)将弹簧锁环装入星形架后装上密封垫片。

(4)以同样的方法装入外万向节。

(5)在万向节上安装防尘罩时,防尘罩经常受到挤压, 在其内部会形成一定的真空度,这样在车辆行驶过程中会在防尘罩表面产生一个内吸折痕,如图 5-14 中箭头所示,因此在安装防尘罩小口径之后,要对罩内稍微充点气,使压力平衡,防止产生皱褶。夹紧防尘套的卡箍如图 5-14 所示。

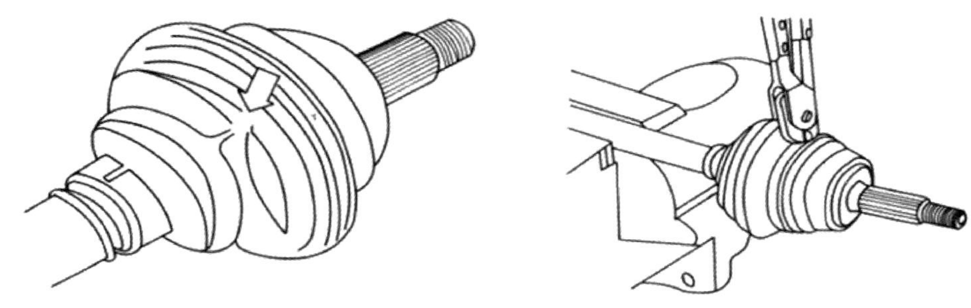

图 5-14　外万向节

4. 传动轴总成的安装

(1)在万向节的花键上涂上一圈 5mm 厚的 D6 防护剂,然后装上传动轴花键套。

注意:涂上 D6 防护剂的传动轴在装车 1h 之后方可使用。

(2)将球销接头重新装配在原位置,以 50N · m 的力矩拧紧螺母,安装时应注意不能损坏防尘套。

(3)必要时检查前轮外倾角。

(4)车轮着地后,以230N·m的力矩拧紧轮毂固定螺母。

六 评分标准

实训评分表见表5-1。

实训评分表　表5-1

序号	考核项目	满分	评分标准	得分
1	作业前整理工位	5	酌情扣分	
2	传动轴的拆卸	5	操作不当扣5分	
3	万向节的拆卸	5	操作不当扣5分	
4	外万向节的拆卸	10	操作不当扣10分	
5	内万向节的拆卸	10	操作不当扣10分	
6	外万向节的分解	10	操作不当扣10分	
7	内万向节的分解	10	操作不当扣10分	
8	清洗零件	10	操作不当扣10分	
9	检查零件	10	操作不当扣10分	
10	组装内万向节	10	操作不当扣10分	
11	组装外万向节	5	操作不当扣5分	
12	组装万向节与传动轴	5	操作不当扣5分	
13	作业后整理工位	5	酌情扣分	
14	遵守相关安全规范	因违规操作造成人员和设备事故的,总分按0分计		
分数合计		100		

实训6　差速器总成的拆装

一 实训目标

(1)掌握正确使用差速器总成拆卸工具的方法。

(2)掌握正确拆卸差速器总成组件的方法。

(3)熟悉前差速器总成的名称、位置、结构和作用。

二 实训内容

1. 差速器的作用

差速器的功用是将主减速器传来的动力传给左、右两半轴,在必要时允许左、右半轴以不同转速旋转,使左、右驱动轮相对地面是纯滚动而不是滑动。

当汽车转弯行驶时,内外两侧车轮中心在同一时间内移过的曲线距离显然不同,即外侧车轮移过的距离大于内侧车轮,如图6-1所示。若两侧车轮都固定在同一刚性转轴上,两轮角速度相等,则此时外轮必然是边滚动边滑移,内轮必然是边滚动边滑转。

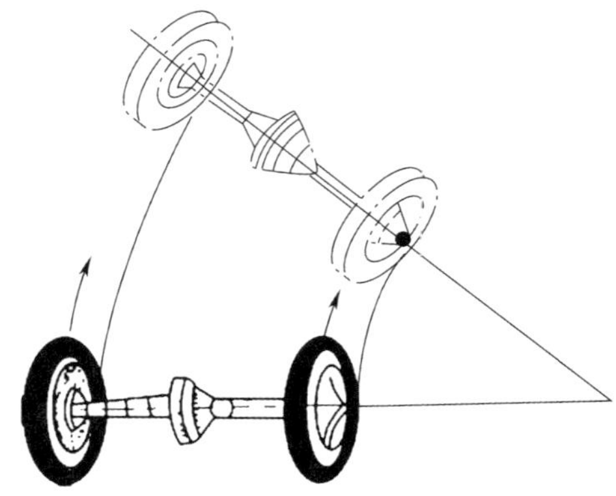

图6-1 汽车转向时驱动轮的运动示意图

当汽车在不平路面上直线行驶时,两侧车轮实际移过的曲线距离也不相等。因此在角速度相同的条件下,在起伏较显著的路面上运动的一侧车轮是边滚动边滑移,另一侧车轮则是边滚动边滑转,即使路面非常平直,但由于轮胎存在制造尺寸误差,磨损程度不同,承受的载荷不同或充气压力不等,各个轮胎的滚动半径实际上不可能相等,因此,只要各轮角速度相等,车轮对路面的滑动就必然存在。

车轮对路面的滑动不仅会加速轮胎的磨损,增加汽车的动力消耗,而且可能导致转向和制动性能的恶化。所以,在正常行驶条件下,应使车轮尽可能不发生滑动,差速器的作用就在于此。

2. 差速器的类型

差速器按其工作特性可分为普通齿轮式差速器和防滑差速器两大类。

3. 实训任务

按照维修手册的规范要求对前差速器总成各个部件进行拆卸,通过拆装观察和认识前差速器总成的构成和基本工作原理。

三 实训器材

(1)差速器拆装实训台4个。

(2)拆装工具4套。

四 实训要求与注意事项

(1)在操作开始前,检查所有的设备并备齐工具。

(2)用铜棒或尼龙棒来敲击齿轮,不得使用铁锤。

(3)对各调整部位的调整垫片要点清放好,不能互换。

(4)注意各部件的清洗和润滑,使用干净的尼龙布进行清洁。

(5)拆装过程中要注意各装配部件,有规定力矩的螺栓螺母要按规定力矩拧紧。

五 教学组织

1. 教学组织形式

本课程为“小班化”实训课，实训教师1名，学生24名，实训室共有4个实训工位，按照6人一个工位编组。

2. 实训教师职责

通过PPT课件展示、教学视频播放等教学手段，并结合讲解实训任务的操作步骤和相关注意事项；组织学生进行分组事项；巡视、检查、指导和纠正学生操作中的错误；课堂总结；组织学生做好5S管理。

3. 学生职责

认真观看PPT课件和教学视频；完成教师布置的任务；做好课后的清洁、整理等5S管理工作。

六 操作步骤

(一)拆卸差速器总成

(1)拆卸离合器和差速器(图6-2)壳体盖。

(2)拆卸离合器和差速器壳体盖螺栓(图6-3)。注意需先预松螺栓，数量共11个。

图6-2　差速器

图6-3　差速器壳体螺栓

(3)取下离合器和差速器壳体盖(图6-4)。

(4)取下离合器和差速器壳体盖衬垫。

(5)拆卸前差速器轴承调节器(图6-5)，取下前差速器轴承调节器锁片。

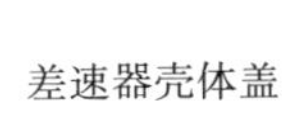

图6-4　差速器壳体盖

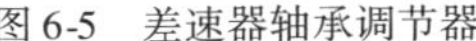

图6-5　差速器轴承调节器

(6)拆卸前差速器轴承外圈。

(7)拆卸右前差速器轴承调节器,取下右前差速器轴承调节器。

(8)拆卸前差速器齿圈螺栓,数量共10个(图6-6)。

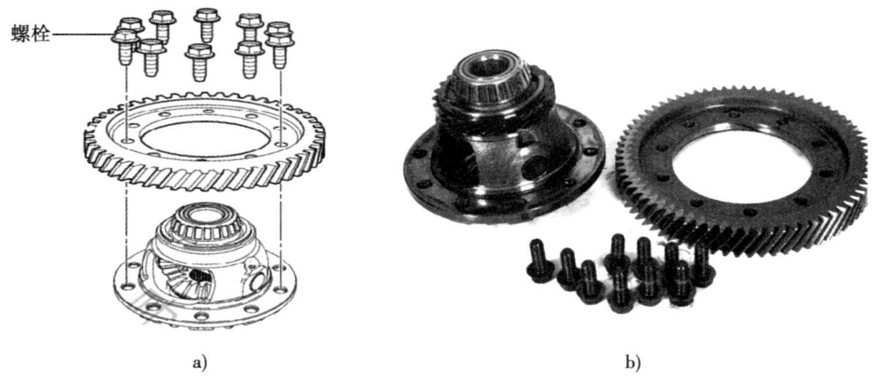

图6-6 差速器齿圈螺栓

(9)拆卸差速器前小齿轮轴销,取下差速器前小齿轮轴(图6-7)。

图6-7 差速器小齿轮

拆卸前差速器小齿轮,数量共2个;拆卸前差速器小齿轮推力垫圈,数量共2个;拆卸前差速器半轴齿轮,数量共2个;拆卸前差速器半轴齿轮推力垫圈,数量共2个。

(10)拆卸前差速器轴承(图6-8)。拆卸前差速器轴承,数量共2个。专业工具为带轴承拔出器支脚的CH-161-B轴承拔出器。

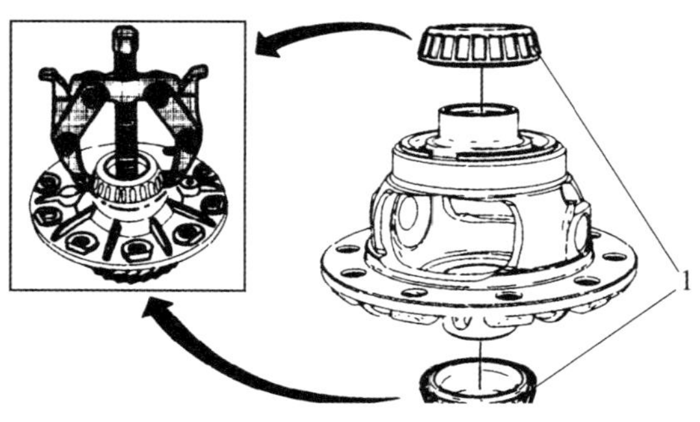

图6-8 差速器轴承的拆卸

(二)安装差速器总成

(1)安装前差速器轴承,如图6-9所示。用液压机和专用工具将前差速器轴差安装到差速器上。

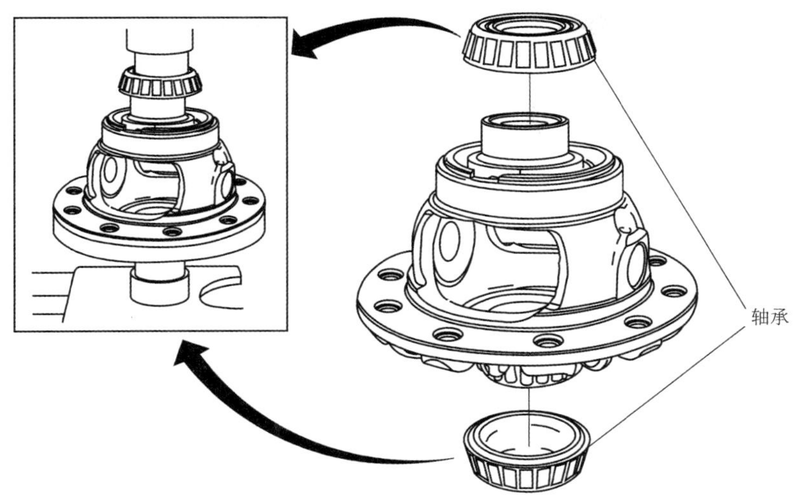

图 6-9　前差速器轴承的安装

(2)安装前差速器小齿轮和半轴齿轮(图 6-10)。

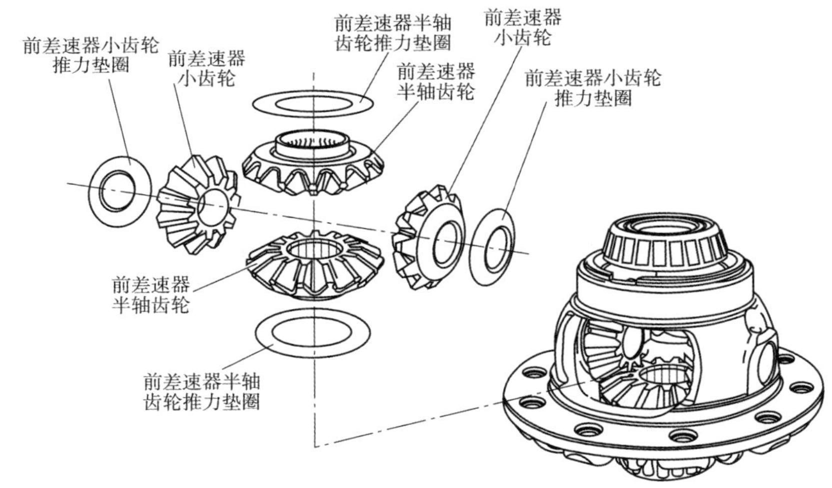

图 6-10　前差速器小齿轮和半轴齿轮

(3)安装前差速器小齿轮轴(图 6-11)。

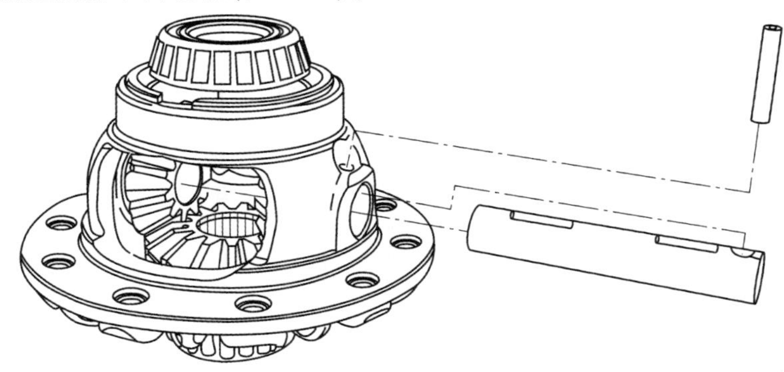

图 6-11　前差速器小齿轮轴

(4)安装前差速器齿圈(图6-12)。紧固10个螺栓至70N·m,再旋转螺栓30°~45°。

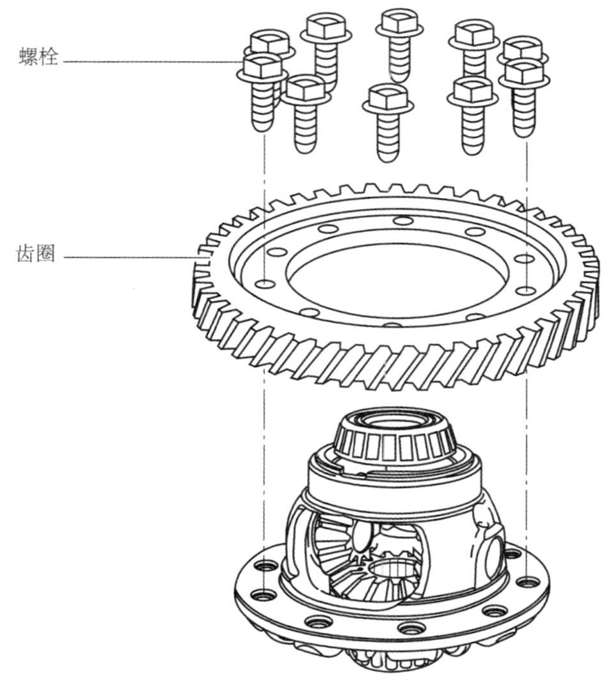

图6-12 前差速器齿圈

(5)紧固前差速器轴承外圈,直到与差速器之间无轴向间隙。调整前差速器轴承外圈松紧度,以得到轴承所需的预紧力,如图6-13所示。

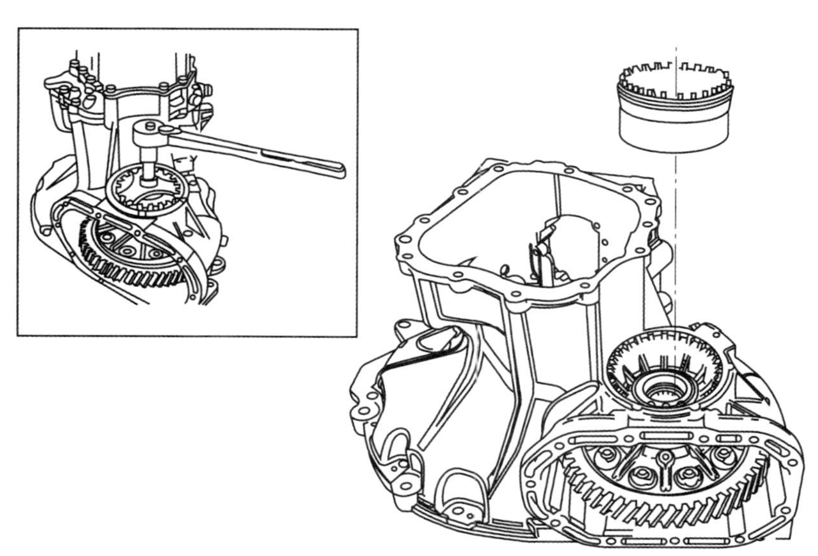

图6-13 轴向间隙调整

(6)安装前差速器轴承调节器锁片,如图6-14所示。并紧固至9N·m。

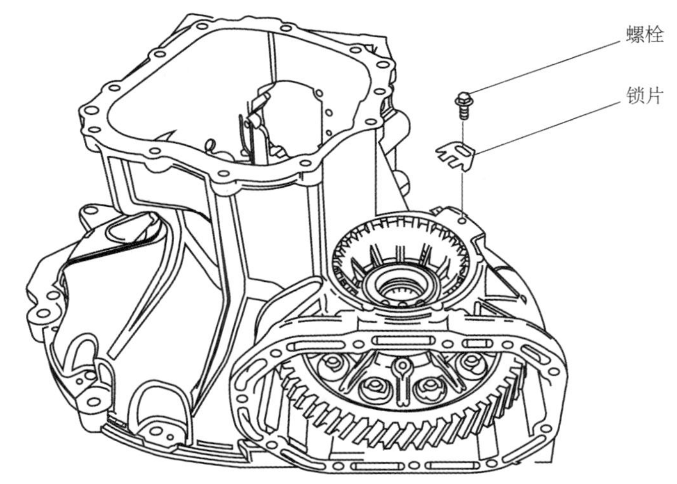

图 6-14　前差速器轴承调节器锁片

(7)安装离合器和差速器壳体盖,如图 6-15 所示。用 30N·m 的力紧固 11 颗螺栓。

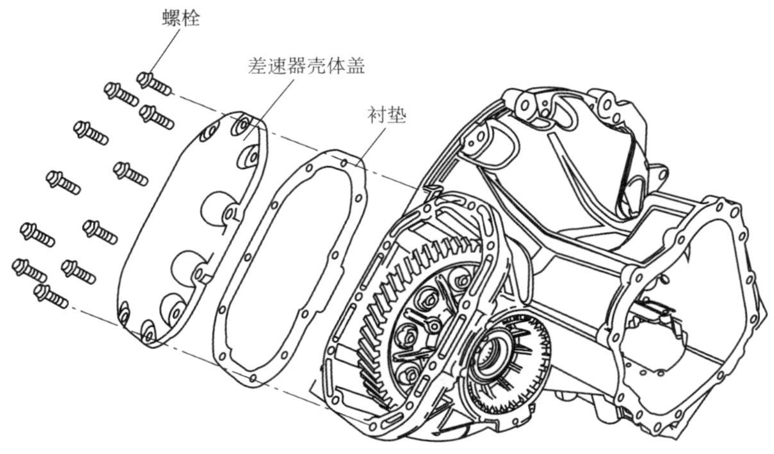

图 6-15　差速器壳体盖

七 评分标准

实训评分表见表 6-1。

实 训 评 分 表　　表 6-1

序号	考 核 项 目	满分	评 分 标 准	得分
1	作业前整理工位	5	酌情扣分	
2	拆卸离合器和差速器壳体盖	5	操作不当扣 5 分	
3	拆卸离合器和差速器壳体盖螺栓	5	操作不当扣 5 分	
4	取下离合器和差速器壳体盖	5	操作不当扣 5 分	
5	取下离合器和差速器壳体盖衬垫	5	操作不当扣 5 分	
6	拆卸前差速器轴承调节器	5	操作不当扣 5 分	

续上表

序号	考核项目	满分	评分标准	得分
7	拆卸前差速器轴承外圈	5	操作不当扣5分	
8	拆卸右前差速器轴承调节器	5	操作不当扣5分	
9	拆卸前差速器齿圈螺栓	5	操作不当扣5分	
10	拆卸差速器前小齿轮轴销	5	操作不当扣5分	
11	拆卸前差速器轴承	5	操作不当扣5分	
12	安装前差速器轴承	5	操作不当扣5分	
13	安装前差速器小齿轮和半轴齿轮	10	操作不当扣10分	
14	安装前差速器小齿轮轴	5	操作不当扣5分	
15	安装前差速器齿圈	5	操作不当扣5分	
16	紧固前差速器轴承外圈	5	操作不当扣5分	
17	安装前差速器轴承调节器锁片	5	操作不当扣5分	
18	安装离合器和差速器壳体盖	5	操作不当扣5分	
19	作业后整理工位	5	酌情扣分	
20	遵守相关安全规范	因违规操作造成人员和设备事故的,总分按0分计		
分数合计		100		

实训7　前轮驱动轴的更换

一　实训目标

(1)熟悉前轮驱动轴总成的名称、位置、结构和作用。
(2)掌握正确拆装驱动轴总成组件的方法。

二　实训内容

1. 驱动轴的定义

汽车驱动轴也称为半轴,是将差速器与驱动轮连接起来的轴。驱动轴是变速器、减速器与驱动轮之间传递扭矩的轴,其内外各有一个万向节分别通过万向节上的花键与减速器齿轮及轮毂轴承内圈连接,如图7-1所示。

图7-1　驱动轴

2. 汽车驱动轴的结构

驱动轴将差速器传来的动力传递给左右驱动轮。驱动轴是差速器与驱动桥之间传递较大转矩的实心轴,其内端一般采用花键与差速器的半轴齿轮连接,外端通过凸缘盘或花键等方式与驱动轮的轮毂相连。驱动轴结构因驱动桥结构形式的不同而不同,如非断开式驱动桥中的半轴为刚性整轴。

3. 汽车驱动轴的类型

根据半轴与驱动轮的轮毂在桥壳上的支承形式及半轴受力情况的不同，汽车驱动轴分为全浮式半轴和半浮式半轴两种形式。普通非断开式驱动桥的半轴，可以根据外端支承形式不同分为全浮式、3/4 浮式和半浮式三种。

4. 实训任务

按照汽车维修手册的规范要求，对前轮驱动轴总成各个部件进行拆卸、更换及装配，通过拆装去观察和认识前轮驱动轴总成的构成和基本原理。

三 实训器材

(1)举升工位 4 个。

(2)别克威朗车辆 4 台。

(3)车辆防护三件套 4 套。

(4)常用汽车维修工具 4 套。

四 实训要求与注意事项

(1)在操作开始前，检查所有的设备并备齐工具。

(2)需要用专用工具的拆装零件时必须用专用工具。

(3)注意相关零部件的清洁和润滑。

(4)拆装过程中要注意各装配部件，有规定力矩的螺栓螺母要按规定力矩拧紧。

五 教学组织

1. 教学组织形式

本课程为“小班化”实训课，实训教师 1 名，学生 24 名，实训室共有 4 个实训工位，按照 6 人一个工位编组。

2. 实训教师职责

通过 PPT 课件展示、教学视频播放等教学手段，并结合讲解实训任务的操作步骤和相关注意事项；并组织学生进行分组事项；巡视、检查、指导和纠正学生操作中的错误；课堂总结；组织学生做好 5S 管理。

3. 学生职责

认真观看 PPT 课件和教学视频；完成教师布置的任务；做好课后的清洁、整理等 5S 管理工作。

六 操作步骤

(1)松开前轮驱动轴螺母，如图 7-2 所示。

也可用以下方法用专用工具拆卸，如图 7-3 所示。

①举升并顶起车辆。

②拆下前轮罩衬板。

③排空变速器油。

④紧固3个车轮螺母,将扳手和加长件一同安装至前轮双头螺栓上。

⑤使用扳手和加长件,松开前轮驱动轴螺母。

⑥将扳手和加长件从前轮双头螺栓上拆下。

(2)拆下车轮驱动轴螺母和车轮驱动轴(图7-3)。

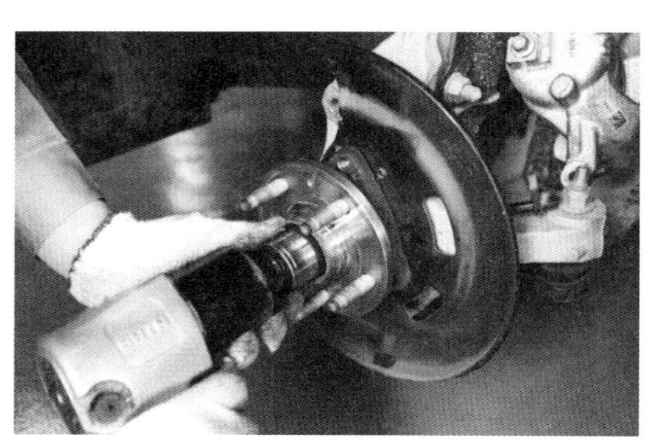

图7-2 前轮驱动轴螺母拆卸

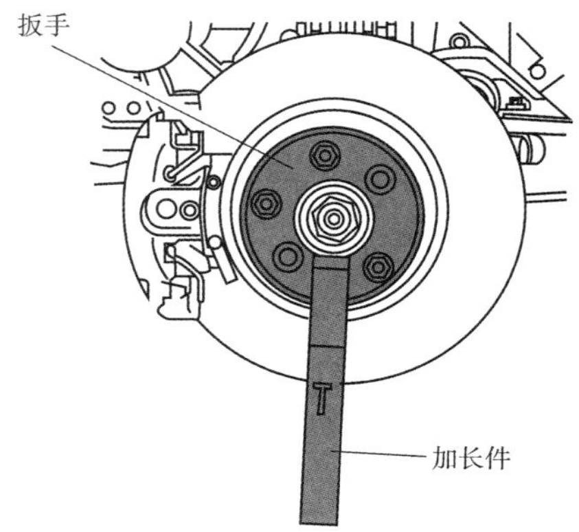

图7-3 前轮驱动轴螺母

(3)拆下稳定杆连杆螺母和前稳定杆,分离外转向横拉杆和前下控制臂球节。

①拆下并报废稳定杆连杆螺母,如图7-4a)所示。

②拆下稳定杆连杆前稳定杆,如图7-4b)所示。

③将外转向横拉杆端部从转向节上分离,如图7-4c)所示。

④将前下控制臂球节从转向节上分离,如图7-4d)所示。

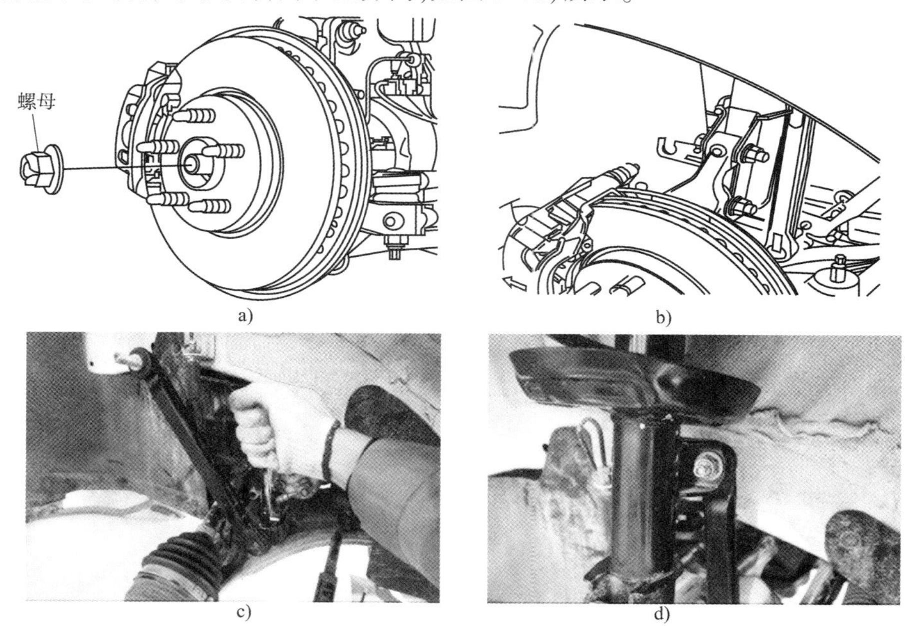

图7-4 稳定杆的拆卸

(4)分离前轮驱动轴,如图7-5所示。

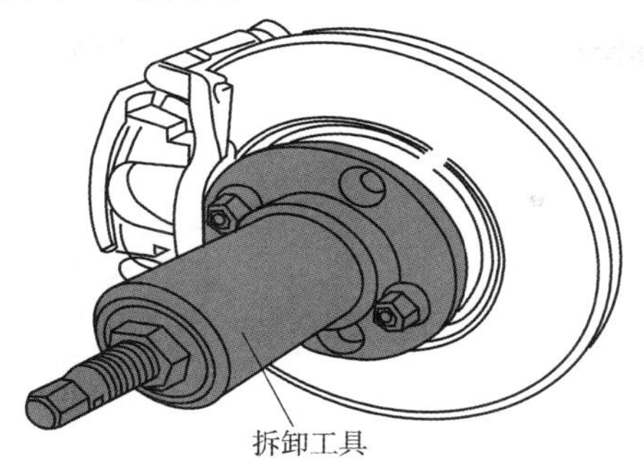

图7-5　分离驱动轴

①紧固2个车辆螺母,将拆卸工具安装至车轮双头螺栓上。

②将前轮驱动轴从车轮轴承/轮毂总成上分离。

(5)拆下车轮驱动轴,如图7-6所示。

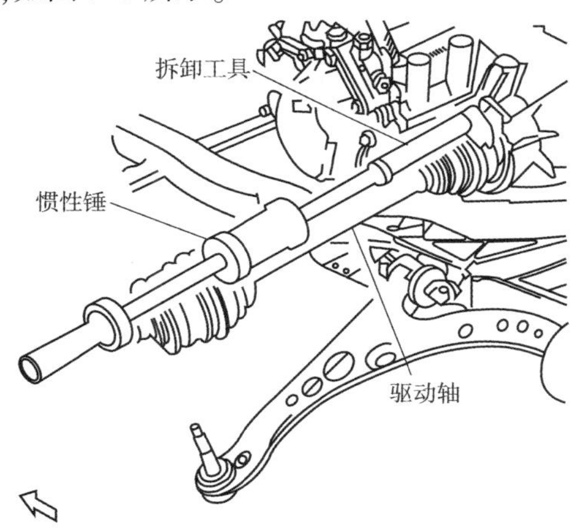

图7-6　拆下驱动轴

使用惯性锤和拆卸工具,拆下车轮驱动轴。

(6)拆下垫圈,如图7-7所示。

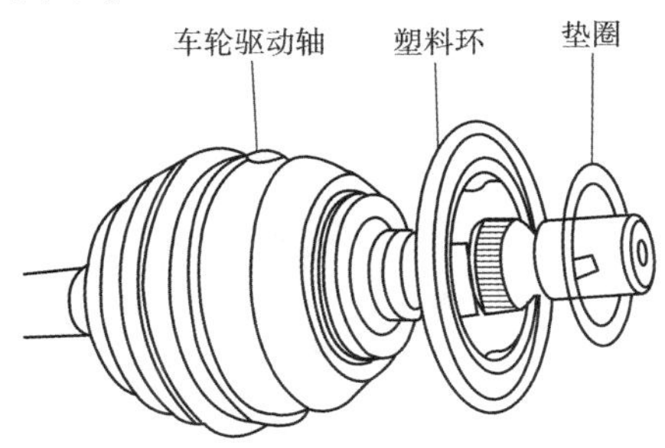

图7-7　驱动轴垫圈

①将垫圈从车轮驱动轴上拆下并报废。切勿重复使用垫圈,仅用新件更换。

②如果车轮驱动轴装备塑料环,则拆下并报废。

注意:如果车轮驱动轴上无垫圈,则安装新的。

(7)安装新垫圈。

①如果车轮驱动轴装备塑料环,则安装新环。

②将新的垫圈安装至车轮驱动轴上。

(8)安装保护装置,如图 7-8 所示。

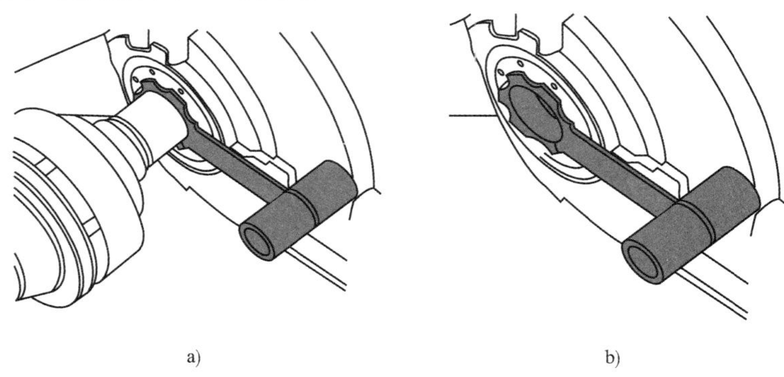

图 7-8　安装保护装置

将保护装置安装到差速器输出轴密封件上。在拆下和安装前轮驱动轴之前,必须将专用工具或同等工具安装至前轮驱动轴油封中。没有使用专用工具可能导致前轮驱动轴的花键划伤前轮驱动轴油封。前轮驱动轴油封损坏将导致润滑油泄漏。

(9)涂抹薄层润滑油。在车轮驱动轴上涂抹一薄层润滑油。

注意:确保车轮驱动轴安装处清洁。

(10)安装前轮驱动轴。

①小心地将车轮驱动轴安装到差速器上,直至花键通过保护装置。

②将保护装置从差速器输出轴密封件上拆下。

③将前轮驱动轴安装到差速器上直至卡环完全就位。

④抓住内壳体并向外拉,确认前轮驱动轴卡环正确就位。

⑤将前轮驱动轴安装到前轮轴承/轮毂上。

(11)安装新的车轮驱动轴螺母,如图 7-9 所示。

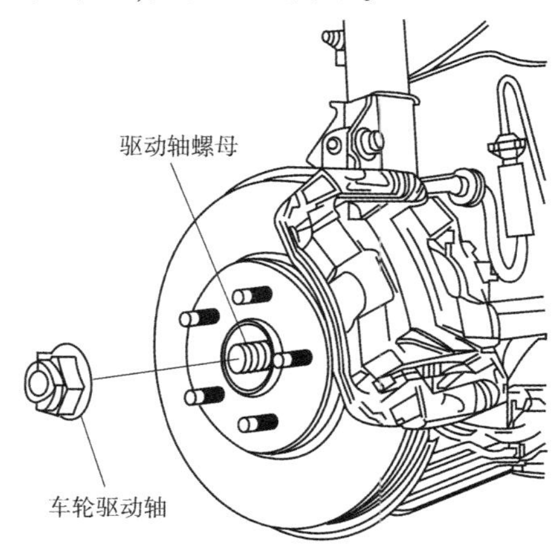

图 7-9　安装车轮驱动轴螺母

将新的车轮驱动轴螺母预安装至车轮驱动轴。

(12)安装稳定杆连杆和螺母、前下控制臂球节和外转向横拉杆。

①安装稳定杆连杆前稳定杆。

②安装稳定杆连杆螺母,紧固力矩为65N·m。

③将前下控制臂球节安装至转向节。

④将外转向横拉杆端部安装至转向节。

(13)紧固车轮螺母,更换安装前轮罩衬板。

①紧固3个车轮螺母,将扳手和加长件一同安装至前轮双头螺栓上。

②分三遍紧固前轮驱动轴螺母:第一遍将前轮驱动轴螺母紧固至150N·m;第二遍将前轮驱动轴螺母松开45°;第三遍将前轮驱动轴螺母紧固至250N·m。

③将扳手和加长件从前轮双头螺栓上拆下。

④安装前轮罩衬板。

⑤向变速器加注合适的油液。

⑥拆下支架并降低车辆。

七　评分标准

实训评分表见表7-1。

实训评分表　　表7-1

序号	考核项目	满分	评分标准	得分
1	作业前整理工位	5	酌情扣分	
2	举升并顶起车辆	3	酌情扣分	
3	拆下前轮罩衬板	3	酌情扣分	
4	排空变速器油	4	酌情扣分	
5	紧固3个车轮螺母	4	酌情扣分	
6	将扳手和加长件从前轮双头螺栓上拆下	2	酌情扣分	
7	拆下车轮驱动轴螺母和车轮驱动轴	3	酌情扣分	
8	拆下稳定杆连杆螺母和前稳定杆,分离外转向横拉杆和前下控制臂球节	5	酌情扣分	
9	紧固2个车辆螺母,将拆卸工具安装至车轮双头螺栓上	4	酌情扣分	
10	将前轮驱动轴从车轮轴承/轮毂总成上分离	3	酌情扣分	
11	拆下车轮驱动轴	3	酌情扣分	
12	将垫圈从车轮驱动轴上拆下	2	酌情扣分	
13	将新的垫圈安装至车轮驱动轴上	3	酌情扣分	
14	将保护装置安装到差速器输出轴密封件上	3	酌情扣分	
15	在车轮驱动轴上涂抹一薄层润滑油	3	酌情扣分	

续上表

序号	考 核 项 目	满分	评 分 标 准	得分
16	小心地将车轮驱动轴安装到差速器上，直至花键通过保护装置	4	酌情扣分	
17	将保护装置从差速器输出轴密封件上拆下	3	酌情扣分	
18	将前轮驱动轴安装到差速器上直至卡环完全就位	4	酌情扣分	
19	抓住内壳体并向外拉，确认前轮驱动轴卡环正确就位	3	酌情扣分	
20	将前轮驱动轴安装到前轮轴承/轮毂上	4	酌情扣分	
21	将新的车轮驱动轴螺母预安装至车轮驱动轴	3	酌情扣分	
22	安装稳定杆连杆和螺母、前下控制臂球节和外转向横拉杆	5	酌情扣分	
23	紧固3个车轮螺母，将扳手和加长件一同安装至前轮双头螺栓上	4	酌情扣分	
24	分三遍紧固前轮驱动轴螺母	6	酌情扣分	
25	前轮罩衬板的更换安装	3	酌情扣分	
26	使用合适的油液加注变速器	3	酌情扣分	
27	拆下支架并降低车辆	3	酌情扣分	
28	作业结束整理工位	5	酌情扣分	
29	遵守相关安全规范	因违规操作造成人员和设备事故的，总分按0分计		
分数合计		100		

项目四　车轮总成

实训8　车轮与轮胎系统的拆装

一　实训目标

(1)掌握正确使用拆装工具的方法。
(2)掌握车轮与轮胎系统拆装的方法。
(3)熟悉车轮与轮胎系统的各零件的名称、位置、结构和作用。

二　实训内容

1. 车轮与轮胎系统的作用

汽车轮胎是汽车的重要部件之一,它直接与路面接触,其主要作用有:和汽车悬架共同来缓和汽车行驶时所受到的冲击,保证汽车有良好的乘坐舒适性和行驶平顺性;保证车轮和路面有良好的附着性;提高汽车的牵引性、制动性和通过性;承受着汽车的重量。轮胎在汽车上所起的重要作用越来越受到人们的重视。

2. 乘用车公制尺寸轮胎标识说明

P制轮胎的标识如图8-1所示。

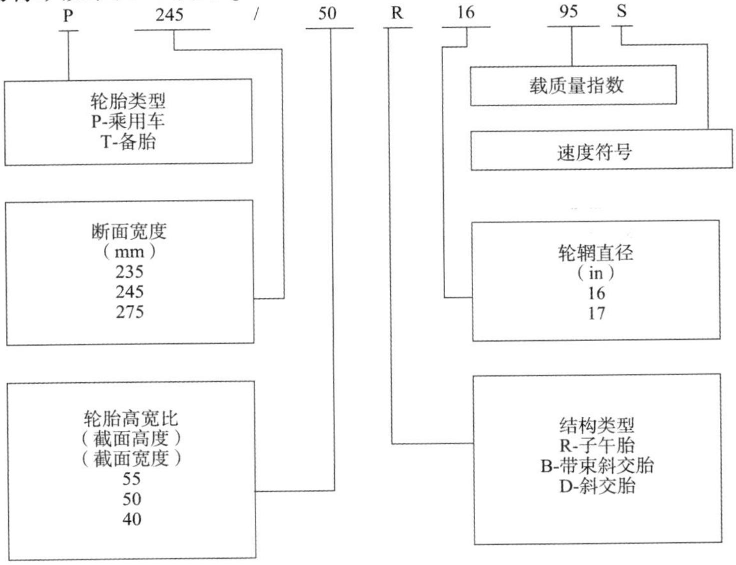

P　245　/　50　R　16　95　S

轮胎类型
P-乘用车
T-备胎

断面宽度
(mm)
235
245
275

轮胎高宽比
(截面高度)
(截面宽度)
55
50
40

载质量指数

速度符号

轮辋直径
(in)
16
17

结构类型
R-子午胎
B-带束斜交胎
D-斜交胎

图8-1　轮胎标识说明

大多数客车米制轮胎尺寸没有完全对应的编号。替代轮胎应具有与车辆原装轮胎相同的轮胎性能标准规格号码,包括相同的尺寸、载荷范围和结构。如果必须用其他尺寸的轮胎更换P制轮胎,需向轮胎经销商咨询。轮胎公司可在其自己的轮胎产品系列中推荐与P制尺寸最接近的轮胎。

3. 实训任务

按照维修手册的规范要求对底盘行驶系统各个部件和总成进行拆装,通过拆装去观察和认识底盘行驶系统的构成和基本工作原理。

三 实训器材

(1)举升工位4个。

(2)通用科鲁兹车辆4台。

(3)车辆防护三件套4套。

(4)常用汽车维修工具4套。

四 实训要求与注意事项

(1)在操作开始前,检查所有的设备并备齐工具。

(2)安装车轮挡块时,可以用举升机顶起部分车轮。

(3)三件套和翼子板布、前格栅布的安装方法要正确。

(4)注意防止热车时冷却液高温造成烫伤。

(5)实训过程要符合车辆维修的操作规程。

五 教学组织

1. 教学组织形式

本课程为“小班化”实训课,实训教师1名,学生24名,实训室共有4个实训工位,按照6人一个工位编组。

2. 实训教师职责

通过PPT课件展示、教学视频播放等教学手段,并结合讲解实训任务的操作步骤和相关注意事项;组织学生进行分组事项;巡视、检查、指导和纠正学生操作中的错误;课堂总结;组织学生做好5S管理。

3. 学生职责

认真观看PPT课件和教学视频;完成教师布置的任务;做好课后的清洁、整理等5S管理工作。

六 操作步骤

1. 拆卸车轮与轮胎

(1)举升并妥善支撑车辆。

(2)拆下车轮中心盖。

(3)标记车轮相对于轮毂的位置。

(4)拆下车轮螺母(图 8-2)。

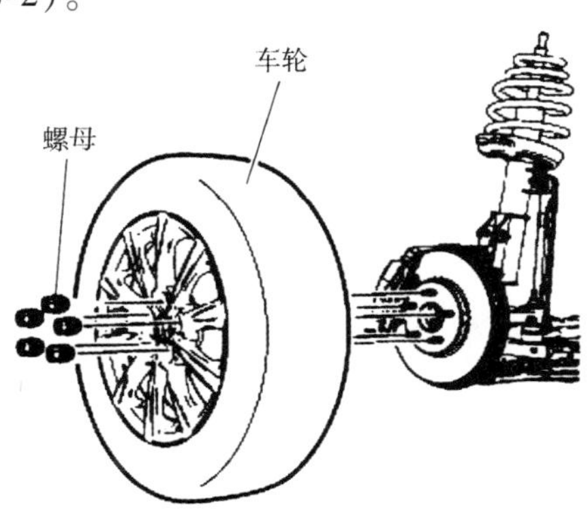

图 8-2 轮胎螺母

(5)将轮胎和车轮总成从车辆上拆下。

注意:如果渗透性机油粘到车轮和制动盘或制动鼓之间的垂直表面上,会导致车辆行驶时车轮松动,造成车辆失控和伤人事故。由于车轮和轮毂/轴之间所用材料不同或者安装太紧,车轮可能难以拆下。可以通过用橡胶锤轻轻地敲打轮胎侧面来拆下车轮。不遵循此说明可能会导致车轮损坏。

2. 安装车轮与轮胎

安装车轮之前,去除车轮支座面、制动鼓或制动盘支座面上的锈蚀(图 8-3)。安装车轮时,若安装面金属之间接触不紧密,会引起车轮螺母松动。这将导致车辆行驶时车轮脱落,造成车辆失控。

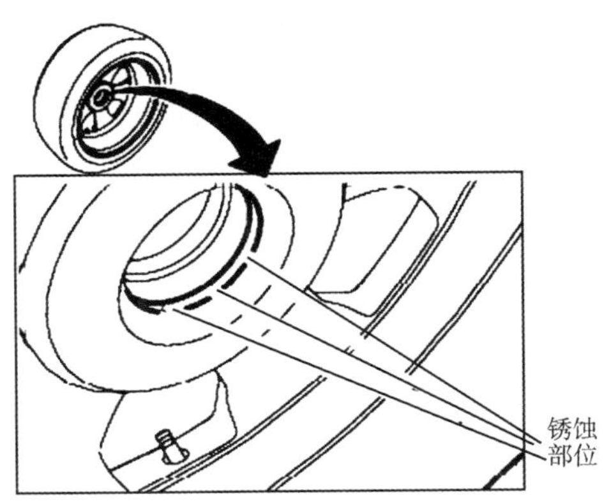

图 8-3 轮毂除锈

注意:车轮螺母、双头螺栓或支座面必须清洁干燥,千万不要润滑车轮螺母、双头螺栓和支座面,或者向其抹油。紧固润滑过的零件会损害车轮双头螺栓,将导致车辆行驶时车轮脱落,造成车辆失控。

(1)清除车轮和轮毂安装面上的所有锈蚀或异物。

(2)清洁车轮双头螺栓和车轮螺母上的螺纹。通过使用中间孔或车轮双头螺栓将轮盘与前轮毂对准。

(3)为阻止中间座椅卡入车轮,安装之前用轴承油脂轻轻涂抹在轮辋的内侧中间座椅上。

(4)安装轮胎和车轮总成。将车轮定位标记对准轮毂。

(5)安装车轮螺母。

注意:按图示顺序均匀地交替紧固螺母,以避免跳动量过大。

(6)按图8-4所示顺序将车轮螺母紧固至140N·m。

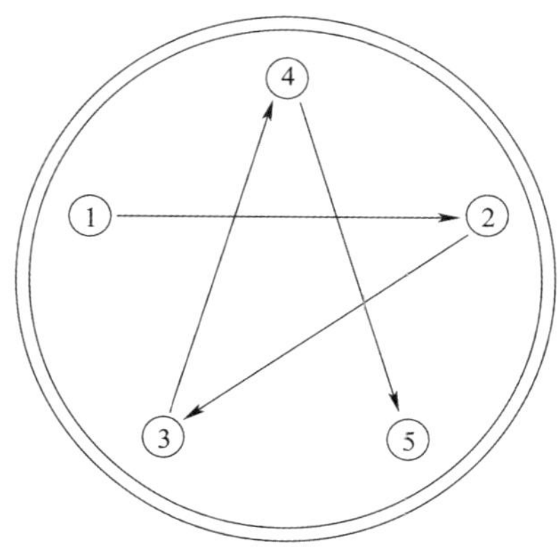

图8-4　螺母坚固顺序

(7)安装车轮中心盖。

(8)降下车辆

3. 轮胎修理

更换轮胎可能会有危险,应由专业人员使用正确的工具、遵循合适的程序进行更换。务必阅读并理解制造商写在用户手册或铸在轮胎侧壁的警告事项。

在维修轮胎时,不配戴适当的眼耳保护装备可能会严重损伤眼睛和耳朵。向轮胎胎圈中充气切勿超过275kPa。充气时,切勿站立、倚靠在总成上,或将手伸向总成。

当轮胎的胎面磨损指示器显示剩余厚度为1.59mm时,或胎面穿孔大于6.35mm时,切勿修理。无论是否允许修理,切勿更换内胎。切勿修理外胎内陷的轮胎(车轮上,仅限于堵塞)。每次都必须将轮胎从车轮上拆下,以进行正确的检查和维修。不管用何种方法修理,都必须密封内衬层,并填补受损处。有关维修片应用程序和推荐的维修工具/维修材料信息,需咨询有关维修材料供应商/制造商。

(1)维修轮胎穿孔的三个基本步骤。

①将轮胎从车轮上拆下,以进行检查并维修。

②填补受损处(穿孔处)防止湿气进入。

③用维修片密封内衬层,以防漏气。

(2)外部检查。

拆卸前,用水和肥皂液检查轮胎表面、气门和车轮,以确定漏气的位置。标记受损部位,并取下气门芯,将轮胎里的气全部放出。将轮胎从车轮上拆下,并将轮胎放在光照良好的扩胎机上。

(3)内部检查。

①扩展胎圈,用轮胎笔在穿孔处作标记。

②检查内胎是否有内部受损迹象。

③去除刺穿物,标记刺穿的方向。

④将钝锥探入受损处,以确定受损程度和刺穿方向。

⑤清除受损处的所有松动异物。

(4)清洁。

①用正确的衬层清洁剂、清洁布和刮刀彻底清理穿孔处周围清除污物和模具润滑剂,如图 8-5 所示。

②清洁受损轮胎槽(图 8-6)。使用合适的手动铰刀、硬质合金铣刀或钻头,从轮胎内部铰扩穿孔槽以便清理受损处。拆下衬层表面凸出的钢丝帘布,以免损坏修理部件。

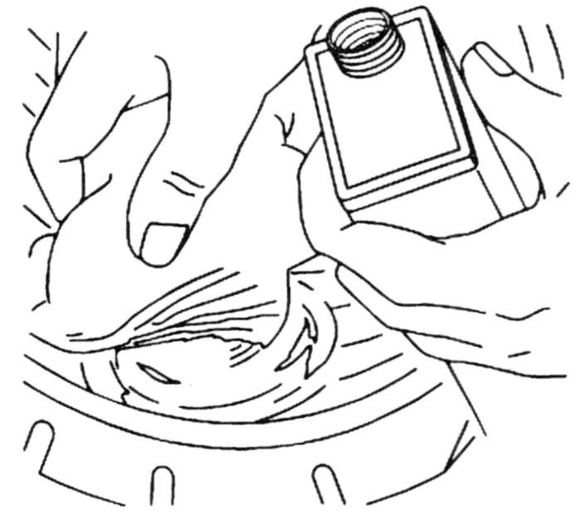

图 8-5 清除污物和模具润滑剂

图 8-6 清洁轮胎槽

③填补受损处(图 8-7)。必须填补受损轮胎槽,以支撑修理片并防止湿气进入轮胎纤维和钢丝帘布。

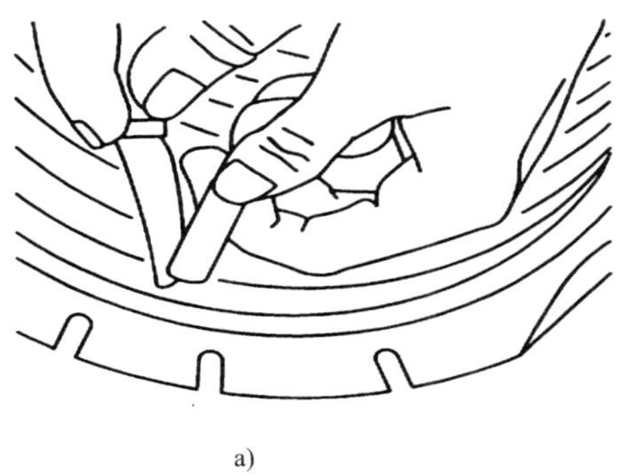

a)

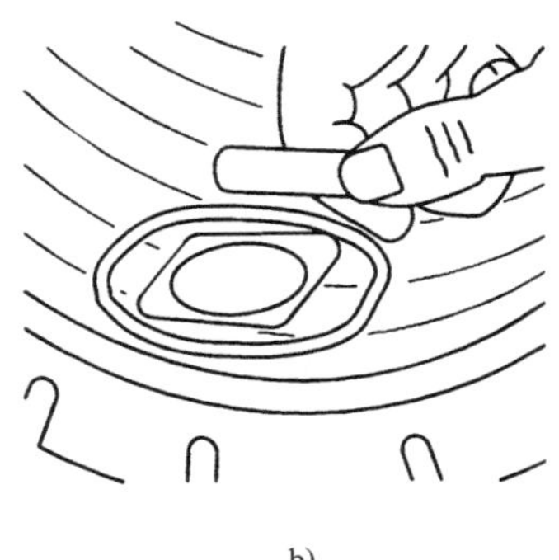

b)

图 8-7 填补受损处

(5)维修片选择。

注意:在该操作步骤期间不要安装维修片。

①将维修片置于受损处上方的正中作为参照,画一个大于维修片的轮廓,以免磨光时抹掉轮胎笔标记。

②取下维修片。

③切勿搭接原先的维修片或多个维修片。

(6)磨光(图8-8)。

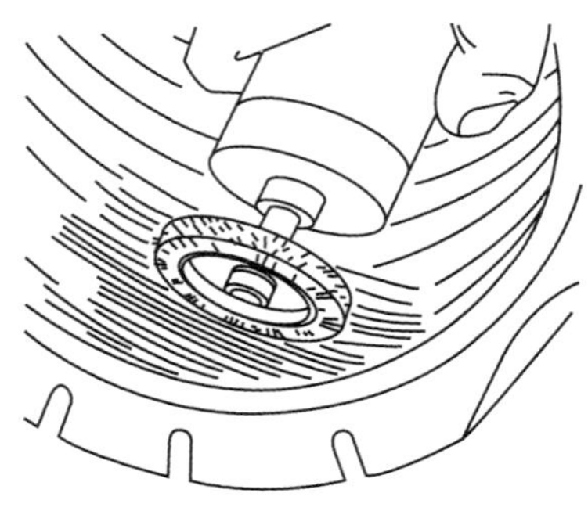

图8-8 磨光

①使用低速磨光工具(细钢丝刷或磨砂锉刀)彻底并均匀地在标记区域内磨光,以免污染或抹掉轮廓线。

②磨光至表面平整光滑(磨光纹理RMA1号或2号)。注意:小心不要划伤内衬层或露出胎体纤维。

③用真空吸尘器吸除磨光产生的灰尘。

(7)堵塞片。

将堵塞片从受损处拉出,直至维修片刚好接触到内衬层,完全缝合。

4.使用换胎机拆卸轮胎

(1)将轮胎完全放气。注意:建议使用带有轮辋夹的欧式换胎机。

(2)使用换胎机将轮胎从车轮上拆下。

(3)使用钢丝刷或粗钢丝棉清除车轮胎圈座上的橡胶和轻度锈蚀。注意:当安装轮胎时,使用经认可的轮胎安装润滑油,不要使用硅或腐蚀性基化合物润滑胎圈和轮辋,使用硅基化合物会导致轮胎在轮辋上打滑,腐蚀性化合物会导致轮胎或轮辋老化。

(4)将润滑油涂在轮胎胎圈和轮辋上。

(5)使用换胎机将轮胎安装至车轮。注意:充气时不得站在轮胎上面,以免发生严重的人身伤害。当胎圈卡到安全驼峰时,胎圈有可能破裂。如果胎圈没有就位,给任何轮胎充气时气压都不要超过275kPa。如果275kPa的气压无法使胎圈就位,则对轮胎放气,重新润滑胎圈并重新充气。充气过足可能导致胎圈破裂并严重伤人。

(6)将轮胎充气至合适的气压。

(7)确保在轮胎的两侧均可看见定位环,以确认胎圈完全嵌入车轮内。

注意:不要仅使用手动工具或撬胎棒将轮胎从车轮上拆下,否则会损坏轮胎胎圈或轮辋。不要让换胎设备划伤或损坏铝制车轮上的透明涂层。如果划伤透明涂层,可能导致铝制车轮腐蚀以及透明涂层从车轮上剥落。使用不正确的车轮附件或轮胎安装程序,可导致轮胎胎圈或车轮安装孔损坏。完全排空一个大轮胎内的空气最多需要70s。如果不按正确程序操作会导致换胎机在轮胎上施加过大的力,使车轮在安装面处弯曲,这种损伤会导致振动和/或摆振,严重情况下会导致车轮开裂。

七 评分标准

实训评分表见表 8-1。

实训评分表 表 8-1

序号	考核项目	满分	评分标准	得分
1	作业前整理工位	5	酌情扣分	
2	举升和顶起车辆	5	举升和顶起不当扣 5 分	
3	拆卸轮胎和车轮总成	10	拆卸不当扣 10 分	
4	清洁螺栓与螺母	10	没有清洁扣 5 分	
5	安装轮胎和车轮总成	10	安装顺序错误、力矩不当、定位标记没对准扣 10 分	
6	轮胎外部检查	10	漏气部位没找出、没标对当扣 10 分	
7	用换胎机取下轮胎	10	操作不当扣 10 分	
8	清洁穿孔处与受损轮胎槽	10	操作不当扣 10 分	
9	修补穿孔处	10	操作不当扣 10 分	
10	检查最终轮胎	10	操作不当扣 10 分	
11	作业后整理工位	10	酌情扣分	
12	遵守相关安全规范	因违规操作造成人员和设备事故的，总分按 0 分计		
分数合计		100		

项目五 悬架系统

实训9 前减振器滑柱总成的更换

一 实训目标

(1)熟悉前减振器总成各零件的名称、位置、结构和作用。
(2)掌握正确使用拆装工具的方法。
(3)掌握正确的前减振器拆装方法。

二 实训内容

1. 汽车悬架

汽车悬架是车架或车身与车桥之间一切传力连接装置的统称,它的作用是弹性连接车桥与车架或车身。悬架的功用可以用传力、缓冲、减振、导向几个字来概括。悬架一般由弹性元件、导向装置、减振器和横向稳定杆等组成。

弹性元件用来承受并传递垂直荷载、缓和不平路面、紧急制动、加速和转弯引起的冲击或车身位置的变化。减振器用来衰减由于弹性系统引起的振动。导向装置用来使车轮按一定运动轨迹相对车身运动,同时起传递力矩的作用,通常导向装置由摆臂式控制杆件组成。在轿车上,为防止车身在转向等情况下发生过大的横向倾斜,在悬架系统中加设有横向稳定杆,目的是提高侧倾刚度,改善汽车的操纵性和行驶平顺性。

根据导向装置的不同,悬架又可分为独立悬架和非独立悬架。非独立悬架的特点是两侧车轮安装于一个整体车桥上,车轮连同车桥一起通过弹性元件悬挂在车架或车身上。当一侧车轮受到冲击时会直接影响到另一侧车轮。非独立悬架由于簧载质量比较大,特别是汽车高速行驶、悬架受到较大的冲击荷载时,汽车平顺性较差。独立悬架的两侧车轮分别独立地与车架或车身弹性地连接,当一侧车轮受到冲击时,几乎不会直接影响到另一侧车轮。独立悬架簧载质量小,地面对车身或车架的冲击小。

2. 减振器的基本结构与工作原理

为提高汽车车架和车身振动的衰减速度,改善汽车行驶的平顺性,悬架系统中有减振器。减振器与弹性元件并联安装。其工作原理是当车架或车身与车桥间受振动出现相对运动时,减振器内的活塞上下移动使油液反复地从一个腔经过不同的孔隙流入另一个腔内,利用孔壁与油液间的摩擦和油液分子间的内摩擦消耗振动的能量,而对振动形成阻尼力,从而衰减振动。

减振器若阻尼力过大,振动衰减变得过快,使悬架的弹性元件的缓冲作用变差,为此,必须满足以下要求。

①在悬架压缩行程,减振器阻尼力较小,以便充分发挥弹性元件的弹性作用来缓和冲击,以时弹性元件起主要作用。

②在悬架伸张行程,减振器阻尼力应较大,以迅速减振,此时减振器起主要作用。

③当车桥与车架的相对运动速度过大时,减振器应能自动加大油液流通通道截面面积,使阻尼力始终保持在一定限度之内,以避免承受过大的冲击荷载。

前悬架的结构如图 9-1 所示。

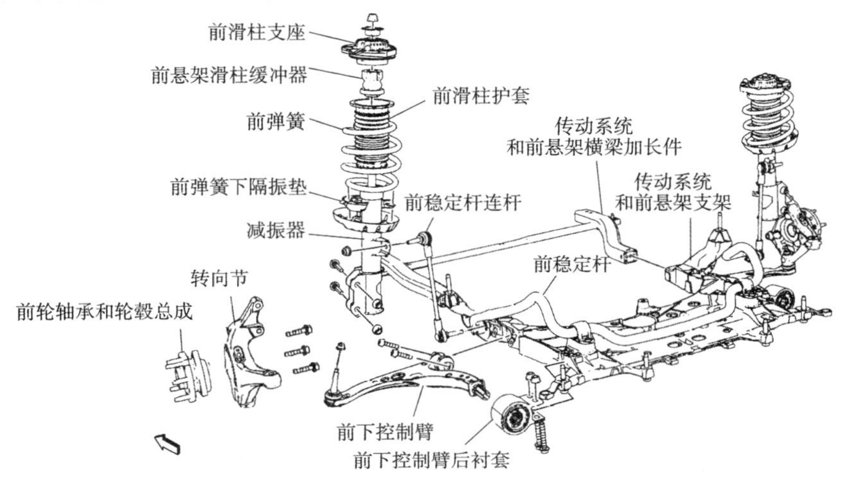

图 9-1 汽车前悬架结构图

三 实训器材

(1)举升工位 4 个。

(2)雪佛兰科鲁兹车辆 4 台。

(3)拆装工具 4 套。

四 实训要求与注意事项

(1)在操作开始前,检查所有的设备并备齐工具。

(2)在操作前,举升车辆到适合拆装减振器的高度。

(3)按维修手册要求规范拆装减振器。

五 教学组织

1. 教学组织形式

本课程为“小班化”实训课,实训教师 1 名,学生 24 名,实训室共有 4 个实训工位,按照 6 人一个工位编组。

2. 实训教师职责

通过 PPT 课件展示、教学视频播放等教学手段,并结合讲解实训任务的操作步骤和相关注意事项;组织学生进行分组事项;巡视、检查、指导和纠正学生操作中的错误;课堂总结;组织学生做好5S管理。

3. 学生职责

认真观看PPT课件和教学视频;完成教师布置的任务;做好课后的清洁、整理等5S管理工作。

六 操作步骤

1. 拆卸步骤

(1)拆下进气口格栅板,拆下车轮。

(2)将制动软管从减振器上分离,如图9-2所示。

(3)拆下稳定杆连杆螺母,如图9-3所示。

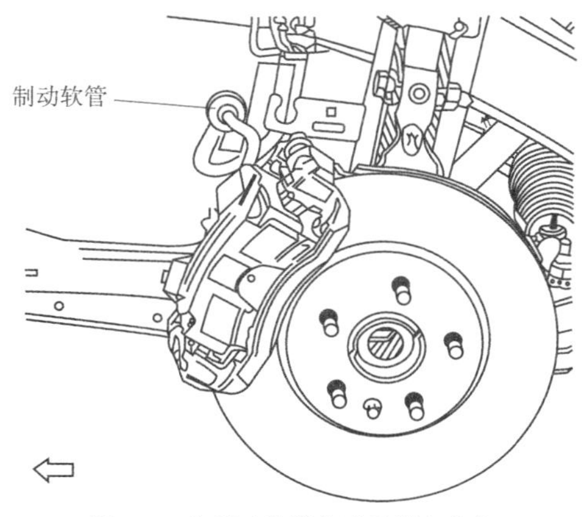

图9-2 将制动软管从减振器上分离

图9-3 拆下稳定杆连杆螺母

(4)分开前稳定杆连杆和滑柱总成。

(5)用扭力扳手拆下转向节螺母和螺栓,如图9-4所示。

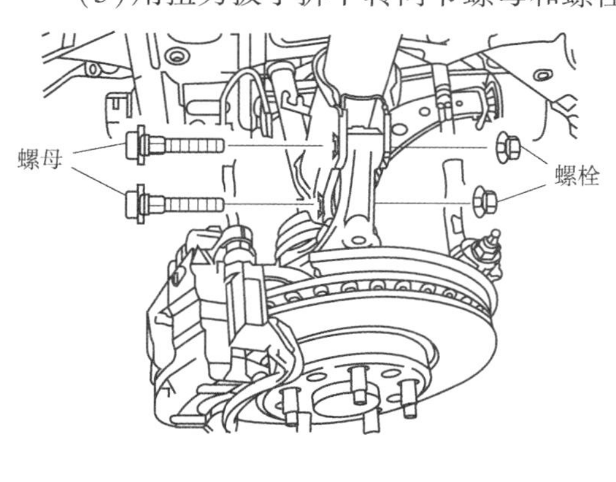

a)

b)

图9-4 拆卸转向节

(6)拆下减振器滑杆上端塑料盖,如图9-5所示。

(7)拆下上滑杆支座螺母,拆下滑杆支座板,如图9-6所示。

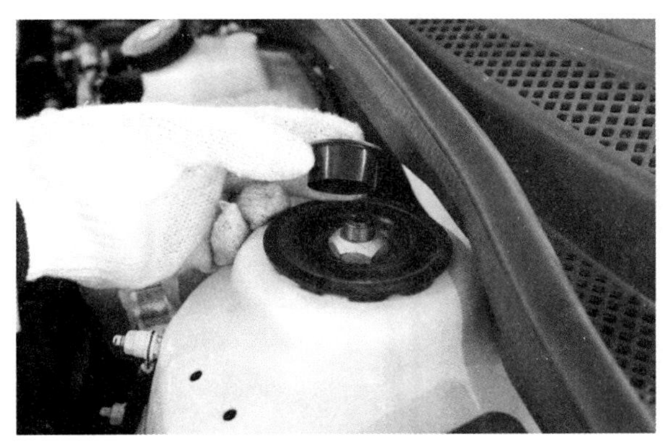

图9-5　拆卸塑料盖

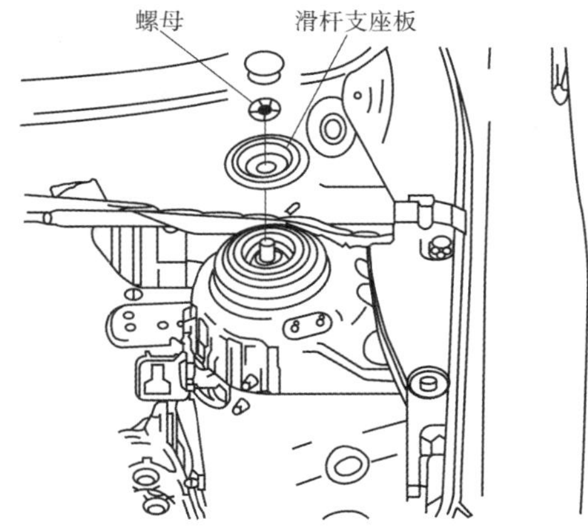

图9-6　拆卸滑杆总成

(8)将前悬架滑杆总成从车辆上拆下,如图9-7所示。

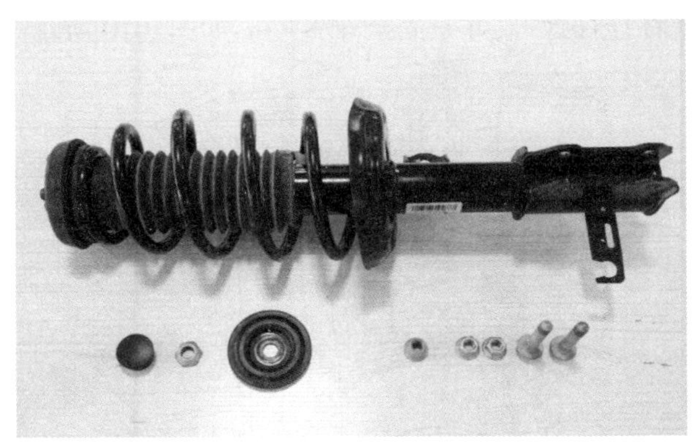

图9-7　前悬架滑杆总成

2. 安装步骤

(1)将前滑杆总成安装到车辆上,安装滑杆支座板,如图9-8所示。

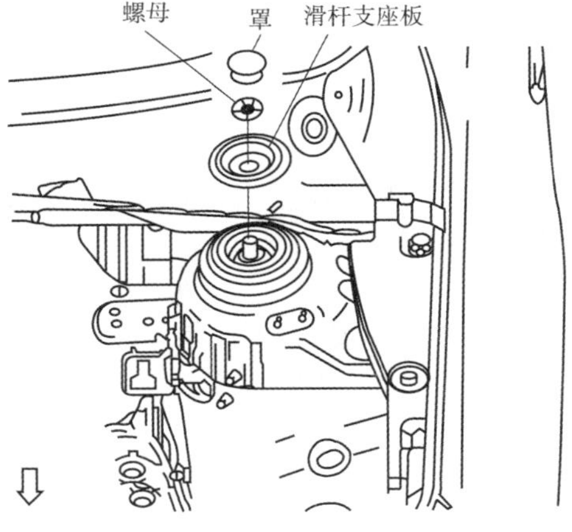

图9-8　安装滑杆总成

(2)使用扳手安装滑柱螺母,并紧固至45N·m。安装滑柱支座罩,如图9-8所示。

(3)将滑柱插入转向节。安装新的转向节螺栓与螺母,首先紧固至90N·m,最后再将转向节螺栓和螺母转动60°~75°紧固,如图9-9所示。

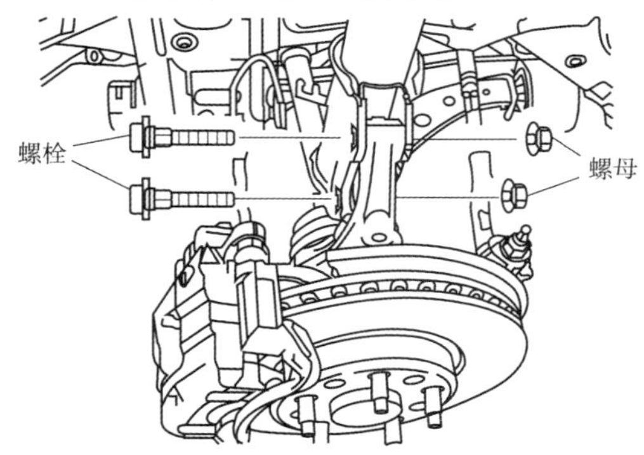

图9-9 安装转向节螺栓与螺母

(4)安装新的稳定杆连杆螺母,并紧固至65N·m,如图9-10所示。

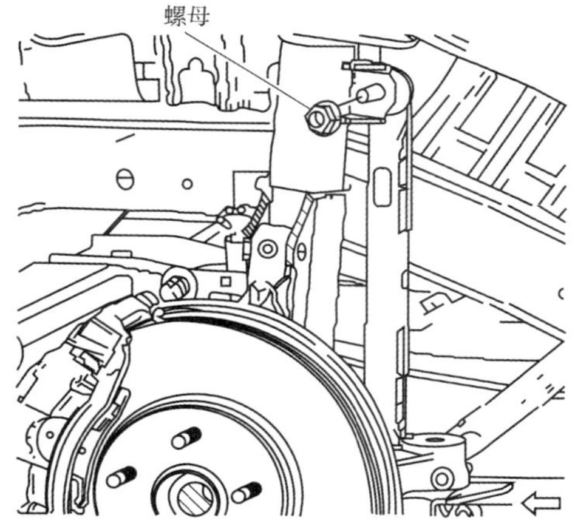

图9-10 安装稳定杆连杆螺母

(5)将制动软管安装至滑杆,如图9-11所示。

图9-11 安装制动软管

(6)安装车轮和轮胎,降下车辆。

(7)检查车辆前轮定位。

七 评分标准

实训评分表见表9-1。

实 训 评 分 表　　表9-1

序号	考 核 项 目	满分	评 分 标 准	得分
1	作业前整理工位	5	酌情扣分	
2	举升车辆至合适位置	5	操作不当扣5分	
3	拆下进气口格栅板,拆下车轮	5	操作不当扣5分	
4	拆下稳定杆连杆螺母	5	操作不当扣5分	
5	分开前稳定杆连杆和滑柱总成	5	操作不当扣5分	
6	拆下转向节螺母和螺栓	5	操作不当扣5分	
7	拆下减振器滑杆上端塑料盖	5	操作不当扣5分	
8	拆下上滑杆支座螺母,拆下滑柱支座板	5	操作不当扣5分	
9	将前悬架滑杆总成从车辆上拆下	5	操作不当扣5分	
10	将前滑杆总成安装到车辆上,安装滑杆支座板	5	操作不当扣5分	
11	安装滑柱螺母,安装滑柱支座罩	10	操作不当扣10分	
12	将滑柱插入转向节,安装新的转向节螺栓螺母	10	操作不当扣10分	
13	安装新的稳定杆连杆螺母	10	操作不当扣10分	
14	将制动软管安装至滑杆	5	操作不当扣5分	
15	安装车轮和轮胎,降下车辆	5	操作不当扣5分	
16	检查车辆前轮定位	5	操作不当扣5分	
17	作业后整理工位	5	酌情扣分	
18	遵守相关安全规范	因违规操作造成人员和设备事故的,总分按0分计		
分数合计		100		

实训10　后减振器的更换

一 实训目标

(1)掌握正确使用拆装工具的方法。
(2)掌握正确拆装减振器的方法。
(3)熟悉减振器的各零件的名称、位置、结构和作用。

二 实训内容

1. 减振器的功用

汽车减振器实际上是一个振动阻尼器。减振器在汽车中不仅用在悬架上,在其他的位置也有应用。例如用于驾驶舱、车座、转向盘等,也可作为缓冲器用在车辆保险杠上。

2. 减振器的分类

按产生阻尼的材料的不同,减振器主要有液压和充气两种,还有一种可变阻尼的减振器。

三 实训器材

(1)举升工位4个。

(2)雪佛兰科鲁兹车辆4台。

(3)拆装工具4套。

四 实训要求与注意事项

(1)在操作开始前,检查所有的设备并备齐工具。

(2)在操作前,拆除车辆的两个后轮轮胎。

(3)举升车辆到适合拆装减振器的高度。

(4)按维修手册要求规范拆装减振器。

五 教学组织

1. 教学组织形式

本课程为“小班化”实训课,实训教师1名,学生24名,实训室共有4个实训工位,按照6人一个工位编组。

2. 实训教师职责

通过PPT课件展示、教学视频播放等教学手段,并结合讲解实训任务的操作步骤和相关注意事项;组织学生进行分组事项;巡视、检查、指导和纠正学生操作中的错误;课堂总结;组织学生做好5S管理。

3. 学生职责

认真观看PPT课件和教学视频;完成教师布置的任务;做好课后的清洁、整理等5S管理工作。

六 操作步骤

1. 拆卸后减振器

(1)举升车辆,拆卸轮胎和车轮总成。

(2)在靠近减振器的位置,用高千斤顶支承后桥,如图10-1所示。

图 10-1　支承后桥

(3)拆下并报废后减振器上螺栓,如图 10-2 所示。

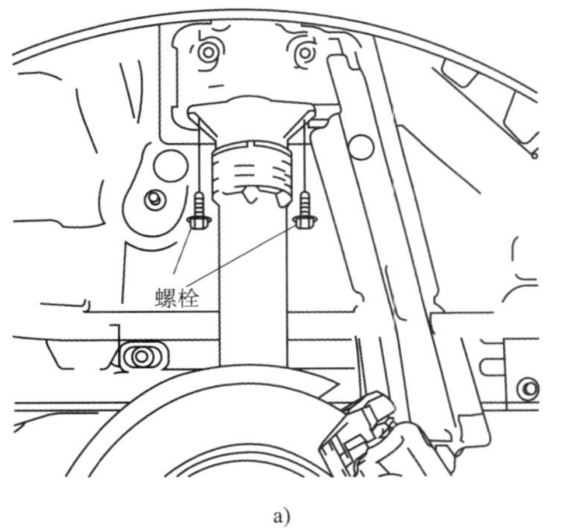

a)

b)

图 10-2　拆卸减振器上螺栓

(4)拆下并报废后减振器下螺栓,如图 10-3 所示。

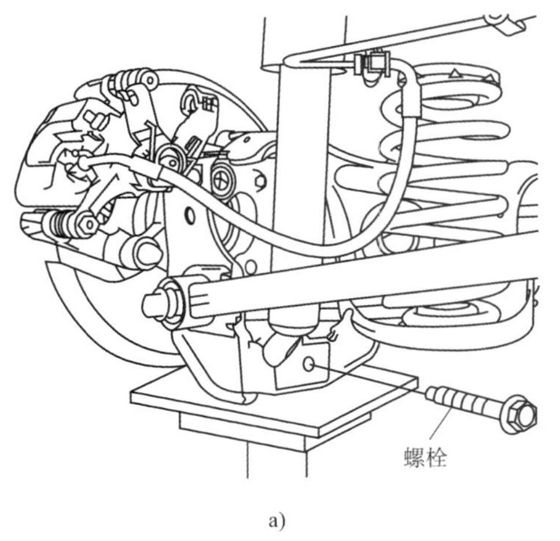

a)

b)

图 10-3　拆卸减振器下螺栓

(5)取下减振器,如图 10-4 所示。

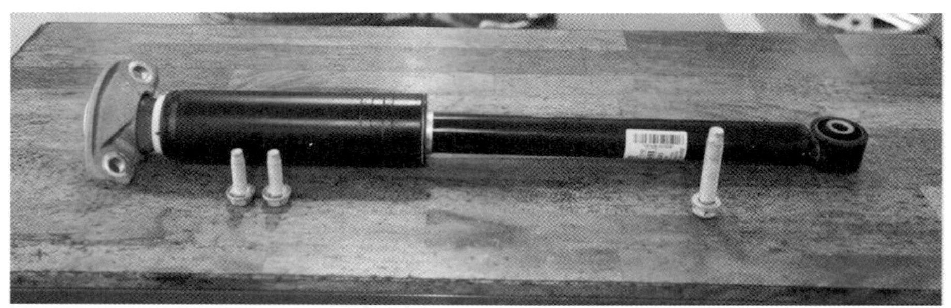

图 10-4 减振器

2. 安装后减振器

(1)将减振器放置于车辆上。

(2)安装新的减振器上螺栓,并紧固至 100N·m,如图 10-5 所示。

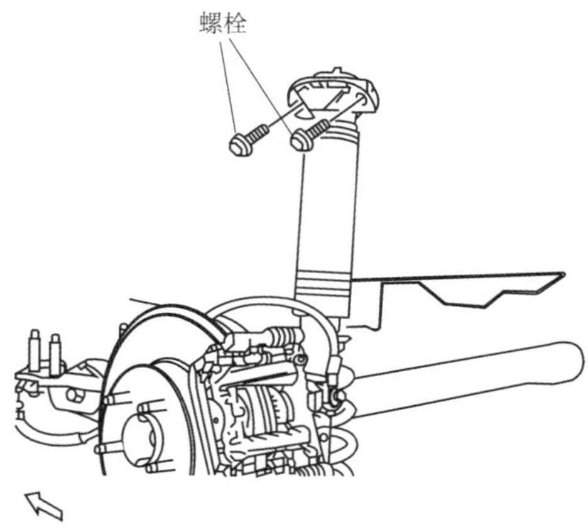

图 10-5 安装减振器上螺栓

(3)安装新的减振器下螺栓,并紧固至 150N·m,再旋转 60°,如图 10-6 所示。

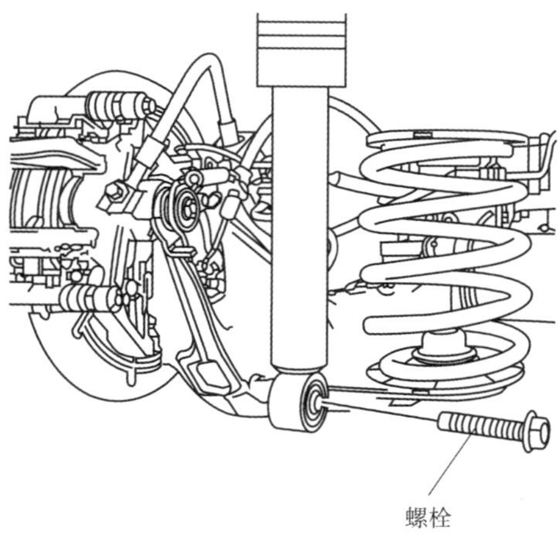

图 10-6 安装减振器下螺栓

(4)拆下千斤顶。
(5)安装后轮胎和车轮总成,降下车辆。

七 评分标准

实训评分表见表10-1。

实训评分表 表10-1

序号	考核项目	满分	评分标准	得分
1	作业前整理工位	5	酌情扣分	
2	用高千斤顶支撑后桥	10	操作不当扣5分	
3	拆卸并报废后减振器螺栓	10	操作不当扣5分	
4	拆卸并报废后减振器螺栓	10	操作不当扣10分	
5	安装后减振器新螺栓	10	操作不当扣10分	
6	紧固加力矩	10	操作不当扣10分	
7	安装后减振器新螺栓	10	操作不当扣10分	
8	紧固后减振器螺栓	10	操作不当扣10分	
9	安装轮胎并降下车辆	10	操作不当扣10分	
10	紧固后减振器螺栓	10	操作不当扣10分	
11	作业后整理工位	5	酌情扣分	
12	遵守相关安全规范	因违规操作造成人员和设备事故的,总分按0分计		
分数合计		100		

实训11 稳定杆的更换

一 实训目标

(1)掌握正确使用拆装工具的方法。
(2)掌握稳定杆更换的方法。
(3)熟悉前悬架中稳定杆的位置、结构和作用。

二 实训内容

1. 横向稳定杆的作用

横向稳定杆(图11-1),又称防倾杆、平衡杆,是汽车悬架系统中的一个辅助弹性元件。为改善汽车行驶平顺性,通常把悬架刚度设计得比较低,但却会影响汽车行驶稳定性。为此,在悬架系统中采用了横向稳定杆结构,用来提高悬架侧倾角刚度,减少车身倾角。横向稳定杆的功用是防止车身在转弯时发生过大的横向侧倾,尽量使车身保持平衡。目的是减少汽车横向侧倾程度和改善平顺性。

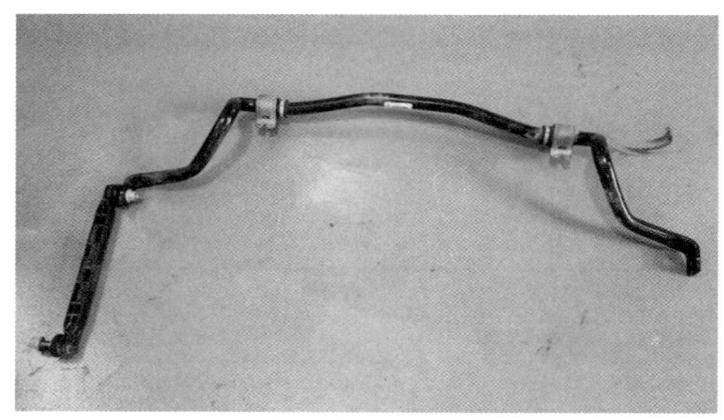

图 11-1　横向稳定杆

2. 横向稳定杆的工作原理

如果左右车轮同时上下跳动,即车身只作垂直移动而两侧悬架变形相等时,横向稳定杆在衬套内自由转动,横向稳定杆不起作用。

当两侧悬架变形不等而车身对于路面横向倾斜时,车架的一侧靠近弹簧支座,稳定杆的该侧末端就相对于车架向上移,而车架的另一侧远离弹簧支座,相应的稳定杆的末端则相对于车架向下移,然而在车身和车架倾斜时,横向稳定杆的中部对于车架来说并无相对运动。这样在车身倾斜时,稳定杆两边的纵向部分向不同方向偏转,于是稳定杆便被扭转,侧臂受弯,起到增加悬架角刚度的作用。

3. 横向稳定杆的结构

横向稳定杆的结构如图 11-2 所示。

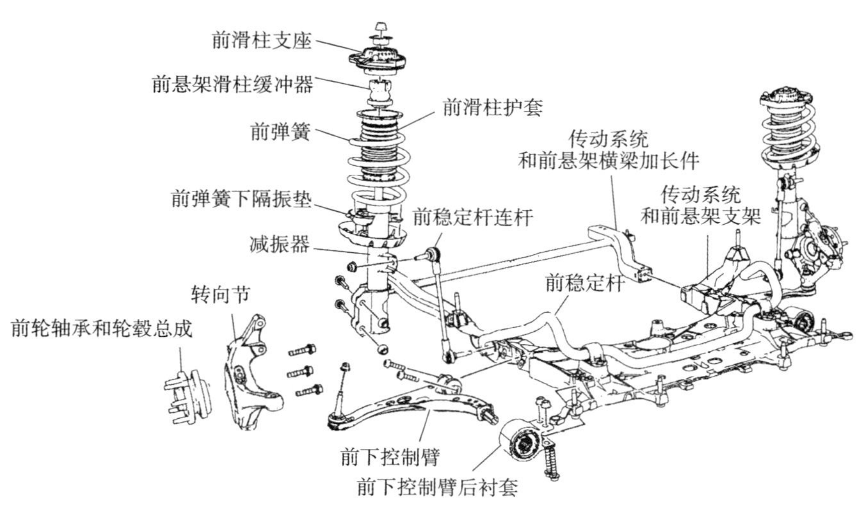

图 11-2　横向稳定杆的结构

4. 实训任务

按照维修手册的规范要求对前悬架的稳定杆进行拆装,通过拆装去观察和认识稳定杆的构成和基本工作原理。

三 实训器材

(1)举升工位4个。
(2)通用威朗车辆4台。
(3)车辆防护三件套4套。
(4)常用汽车维修工具4套。

四 实训要求与注意事项

(1)在操作开始前,检查所有的设备并备齐工具。
(2)安装车轮挡块时,可以用举升机顶起部分车轮。
(3)三件套和翼子板布、前格栅布的安装方法要正确。
(4)注意防止热车时冷却液高温造成烫伤。
(5)实训过程要符合车辆维修的操作规程。

五 教学组织

1. 教学组织形式

本课程为"小班化"实训课,实训教师1名,学生24名,实训室共有4个实训工位,按照6人一个工位编组。

2. 实训教师职责

通过PPT课件展示、教学视频播放等教学手段,并结合讲解实训任务的操作步骤和相关注意事项;组织学生进行分组事项;巡视、检查、指导和纠正学生操作中的错误;课堂总结;组织学生做好5S管理。

3. 学生职责

认真观看PPT课件和教学视频;完成教师布置的任务;做好课后的清洁、整理等5S管理工作。

六 操作步骤

1. 稳定杆的拆卸步骤

(1)断开蓄电池负极电缆连接。
(2)将中间转向轴从转向机上断开。
(3)拆下转向柱前围板内部密封件。
(4)拆下前轮胎和车轮总成。
(5)拆下前轮罩衬板。
(6)拆下前舱防溅罩。
(7)拆下并报废稳定杆连杆螺母,如图11-3所示。
(8)将外转向横拉杆从转向节上断开,松开转向机隔热罩。
(9)断开电气连接器和动力转向辅助电动机的连接,如图11-4所示。

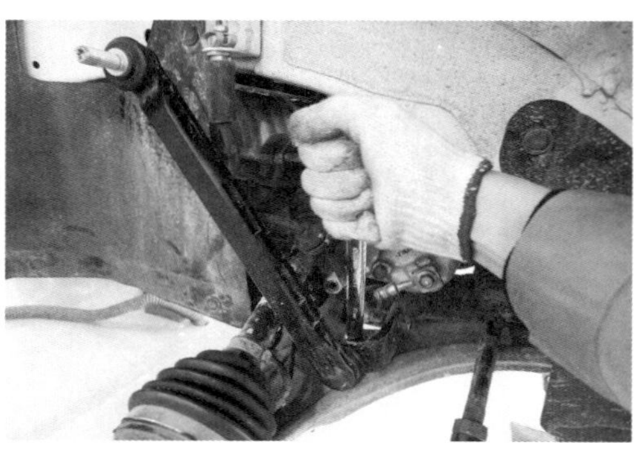

图 11-3　拆下稳定杆连杆螺母

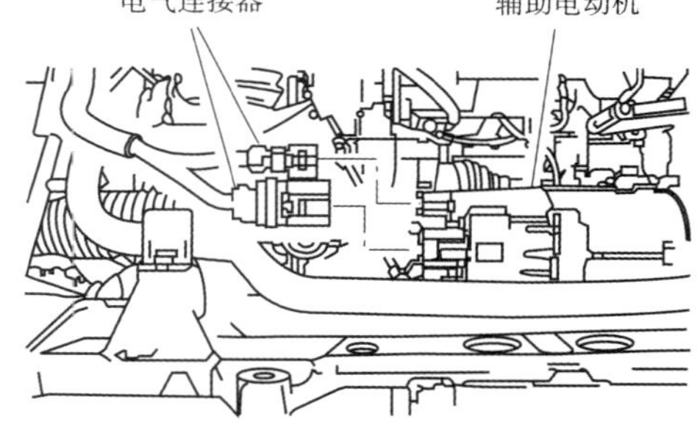

图 11-4　断开连接器和辅助电动机

(10)将 2 个线束固定件从转向机线束托架上拆下。如装备前水平位置传感器,断开电气连接器。

(11)拆下并报废传动系统和前悬架支架后螺栓和传动系统和前悬架横梁加长件,如图 11-5 所示。

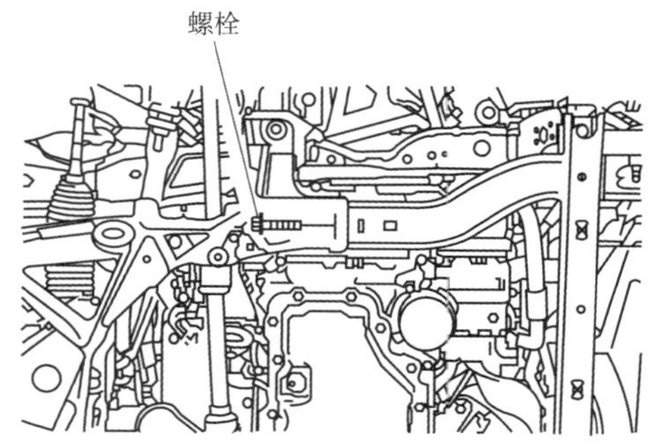

图 11-5　拆下螺栓和加长件

(12)拆下并报废变速器支座柱螺栓和变速器支座柱,如图 11-6 所示。

(13)拆下排气消音器隔振垫螺母,如图 11-7 所示。

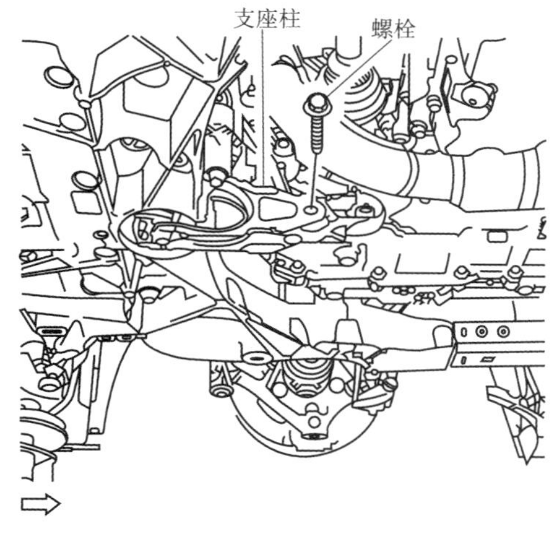

图 11-6　拆下变速器支座柱

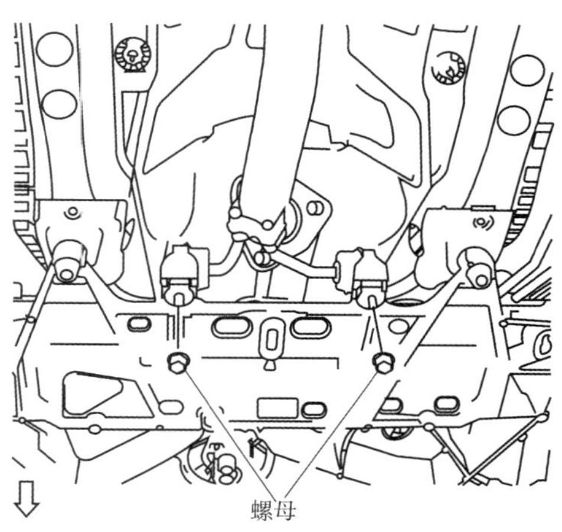

图 11-7　拆下排气消音器振垫螺母

(14)使用合适的液压千斤顶支承传动系统和前悬架支架,如图 11-8 所示

(15)拆下并报废传动系统和前悬架支架后螺栓。拆下并报废传动系统和前悬架支架前螺栓。拆卸过程中可适当降低传动系统和前悬架支架,如图 11-9 所示。

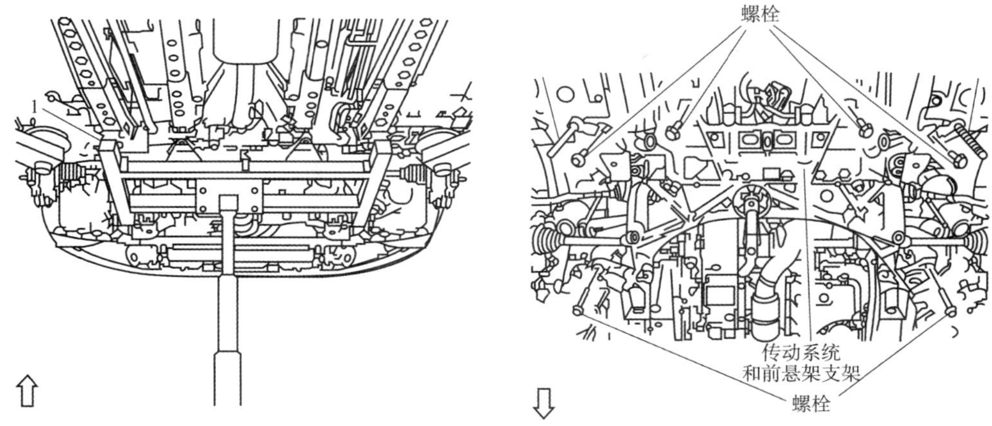

图 11-8 支承传动系统和前悬架支架　　图 11-9 拆下传动系统和前悬架支架螺栓

(16)拆下并报废螺栓,拆下稳定杆,如图 11-10 所示。

2. 稳定杆安装步骤

(1)安装稳定杆。安装并紧固新螺栓,第一遍紧固力矩为 22N · m,第二遍转动螺栓 45°,如图 11-11 所示。

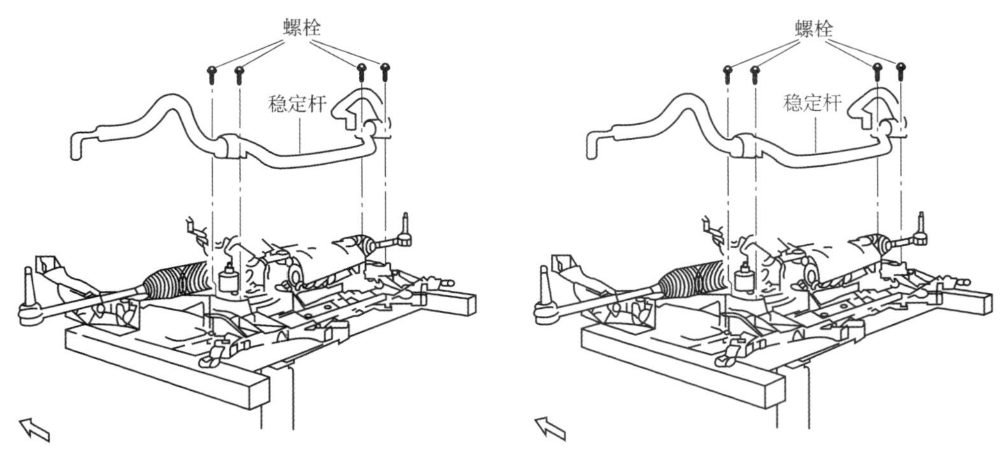

图 11-10 拆下稳定杆　　图 11-11 安装稳定杆

(2)将传动系统和前悬架支架定位至车辆上。在紧固期间,安装 2 个定位销以布置传动系统和前悬架支架,安装 2 个新的传动系统和前悬支架前螺栓,安装 4 个新的传动系统和前悬支架后螺栓,如图 11-12 所示。

(3)安装前悬架横梁加长件螺栓,但不紧固。确保转向柱前围板外部密封件正确装配至电子皮带驱动式齿轮齿条转向机,如图 11-13 所示。

(4)连接动力转向辅助电动机和电气连接器,将 2 个线束固定安装到转向机线束托架

上。如装备前水平位置传感器,连接电气连接器,如图 11-14 所示。安装转向机隔热罩。

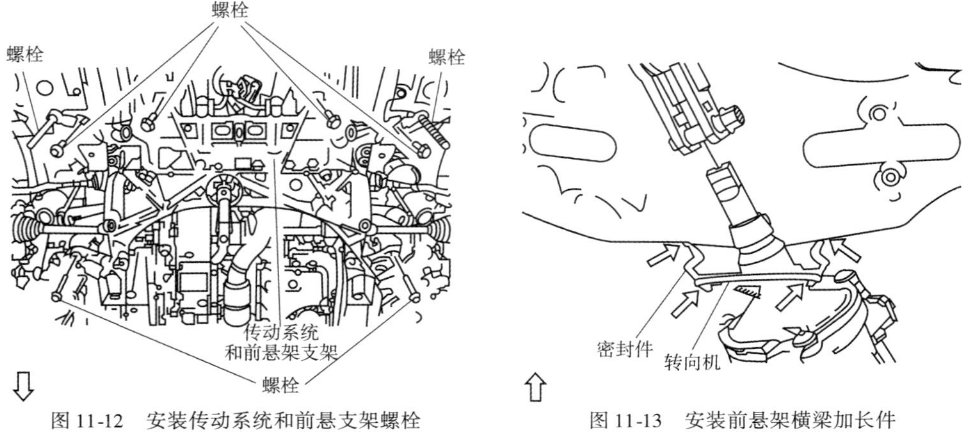

图 11-12　安装传动系统和前悬支架螺栓

图 11-13　安装前悬架横梁加长件

(5)安装新的变速器支座螺栓,不要紧固,如图 11-15 所示。

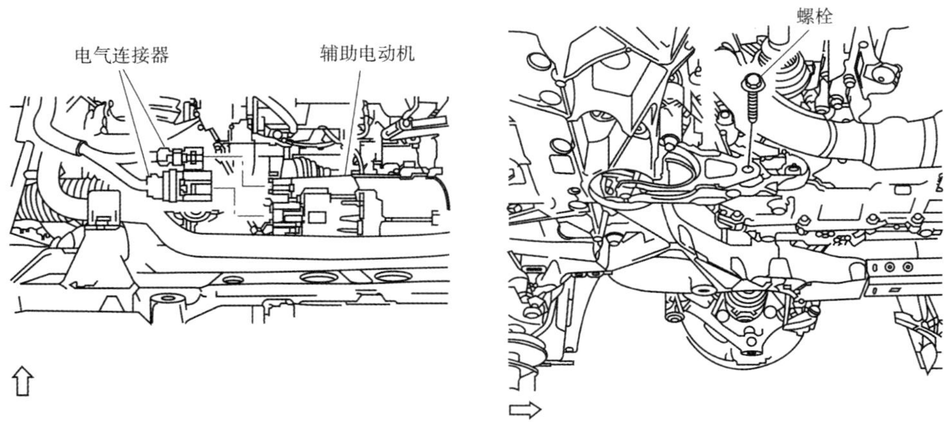

图 11-14　电气连接器和辅助电动机

图 11-15　安装变速器支座螺栓

(6)紧固传动系统和前悬架支架前螺栓至 100N · m。安装并紧固传动系统和前悬架后螺栓至 100N · m,再转动 90°。拆下定位销。紧固传动系统和前悬架支架后螺栓至 58N · m。安装并紧固新的变速器支座柱螺栓至 100N · m,再转动 90°,如图 11-16 所示。

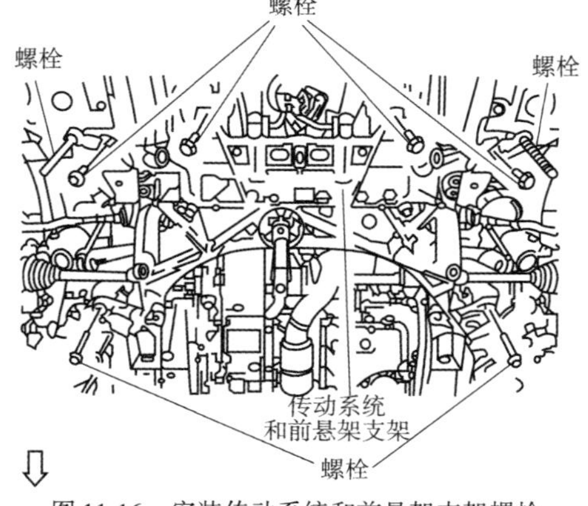

图 11-16　安装传动系统和前悬架支架螺栓

(7)紧固排气消声器隔振垫螺母至22N·m,如图11-17所示。

(8)安装新的稳定杆加杆螺母至65N·m,如图11-18所示。将外转向横拉杆连接到转向节上,安装前防溅罩,安装罩衬板,安装前轮胎和前轮总成。安装转向柱前围板内部密封件,将中间转向轴连接至转向机上。最后加接蓄电池负极电缆。

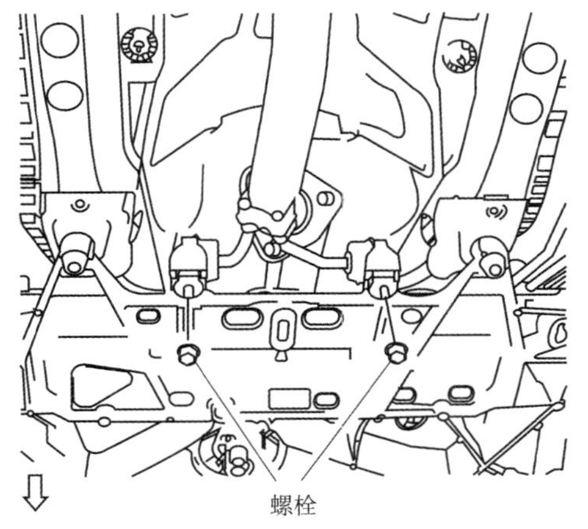

图11-17　紧固排气消声器隔振垫螺母

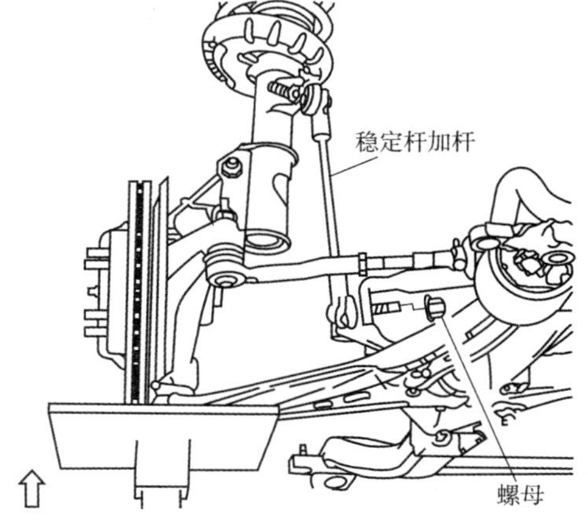

图11-18　安装稳定杆加杆螺母

七　评分标准

实训评分表见表11-1。

实训评分表　　表11-1

序号	考核项目	满分	评分标准	得分
1	作业前整理工位	5	酌情扣分	
2	举升和顶起车辆	3	举升和顶起不当扣5分	
3	轮胎和车轮总成拆卸	5	拆卸不当扣5分	
4	拆装稳定杆连杆螺母	5	拆装错误扣5分	
5	断开外转向横拉杆从转向节	5	拆装顺序错误、操作不规范扣5分	
6	断开动力转向辅助电动机与电气连接器	5	遗漏断开电气连接器造成线路损坏扣5分	
7	拆下传动系统和前悬架支架后螺栓和传动系统和前悬架横梁加长件	5	未完成拆装或操作不当扣5分	
8	拆下变速器支座柱螺栓	5	未完成拆装或操作不当扣5分	
9	使用液压千斤顶支撑传动系统和前悬架支架	5	未完成拆装或操作不当扣5分	
10	拆下稳定杆	5	未完成拆装或操作不当扣5分	
11	安装并紧固稳定杆螺栓	5	未完成拆装或操作不当扣5分	
12	安装传动系统和前悬架支架新螺栓	5	未完成拆装或操作不当扣5分	
13	装配传动系统和前悬架支架至车辆	5	未完成拆装或操作不当扣5分	

续上表

序号	考核项目	满分	评分标准	得分
14	连接动力转向辅助电动机电气连接器	5	未完成拆装或操作不当扣5分	
15	安装变速器支座柱螺栓	5	未完成拆装或操作不当扣5分	
16	安装并紧固传动系统和前悬架支架后螺栓	5	未完成拆装或操作不当扣5分	
17	紧固排气消声器隔振垫螺母	5	未完成拆装或操作不当扣5分	
18	安装稳定杆连杆螺母	5	未完成拆装或操作不当扣5分	
19	将外转向横拉杆连接到转向节上	5	未完成拆装或操作不当扣5分	
20	安装前轮胎和车轮总成	5	未完成拆装或操作不当扣5分	
21	作业后整理工位	2	酌情扣分	
22	遵守相关安全规范	因违规操作造成人员和设备事故的,总分按0分计		
分数合计		100		

实训12　下控制臂的更换

一 实训目标

(1)掌握正确使用拆装工具的方法。

(2)掌握正确更换下控制臂的方法。

(3)熟悉下控制臂的位置、结构和作用。

二 实训内容

1. 下控制臂的作用

控制臂(图12-1)是汽车悬架系统的导向和传力元件,其作用是将车轮上的各种力与力矩传递给车身,同时保证车轮按一定轨迹运动。控制臂分别通过球铰或者衬套把车轮和车身弹性地连接在一起。控制臂(包括与之相连的衬套及球头)应有足够的刚度、强度和使用寿命。

图12-1　悬架下控制

2. 悬架下控制臂的结构

悬架下控制臂的结构图如图 12-2 所示。

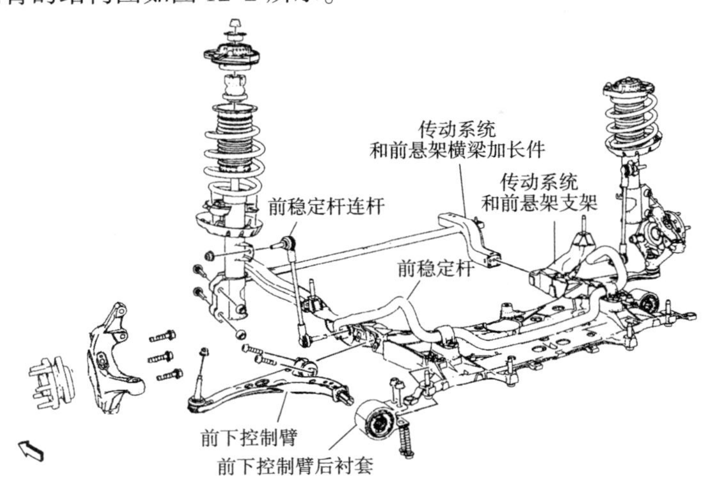

图 12-2 悬架下控制臂结构图

3. 实训任务

按照维修手册的规范要求对悬架下控制臂进行拆装,通过拆装去观察和认识下控制臂的构成和基本工作原理。

三 实训器材

(1)举升工位 4 个。

(2)通用科鲁兹车辆 4 台。

(3)车辆防护三件套 4 套。

(4)常用汽车维修工具 4 套。

(5)球节分离器、角度测量仪等专用工具。

四 实训要求与注意事项

(1)在操作开始前,检查所有的设备并备齐工具。

(2)安装车轮挡块时,可以用举升机顶起部分车轮。

(3)三件套和翼子板布、前格栅布的安装方法要正确。

(4)注意防止热车时冷却液高温造成烫伤。

(5)实训过程要符合车辆维修的操作规程。

五 教学组织

1. 教学组织形式

本课程为“小班化”实训课,实训教师 1 名,学生 24 名,实训室共有 4 个实训工位,按照 6 人一个工位编组。

2. 实训教师职责

通过 PPT 课件展示、教学视频播放等教学手段,并结合讲解实训任务的操作步骤和相关注意事项;组织学生进行分组事项;巡视、检查、指导和纠正学生操作中的错误;课堂总结;组织学生做好 5S 管理。

3. 学生职责

认真观看 PPT 课件和教学视频;完成教师布置的任务;做好课后的清洁、整理等 5S 管理工作。

六 操作步骤

1. 下控制臂的拆卸步骤

(1)举升和顶起车辆。

(2)拆下轮胎和车轮。

(3)将车轮转速传感器线束从控制臂和转向节上拆下。

(4)松开螺母。拆下并报废下环节至转向节的螺母和螺栓,如图 12-3 所示。

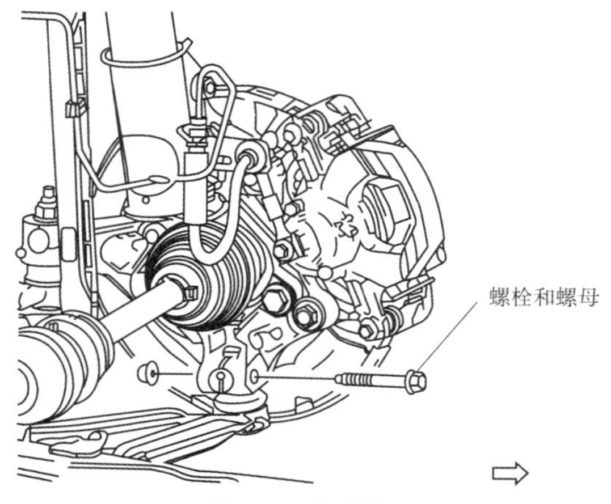

图 12-3 拆下螺栓

(5)将下控制臂从转向节上分开,撬动时不能接触球节密封件,否则会损坏密封件,如图 12-4 所示。

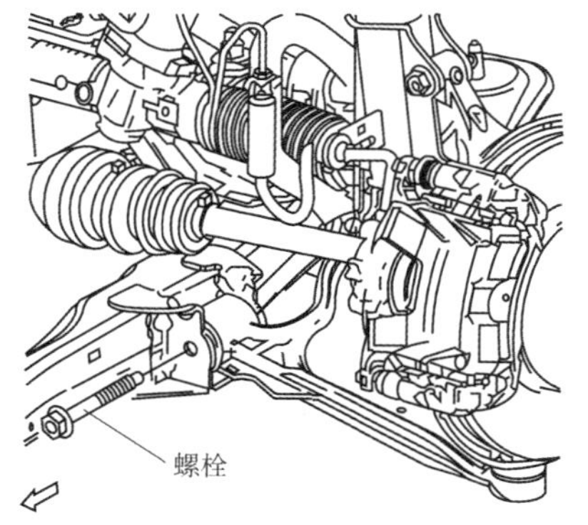

图 12-4 将下控制臂从转向节上分开

(6)拆下并报废前下控制臂螺母和螺栓,如图 12-5 所示。

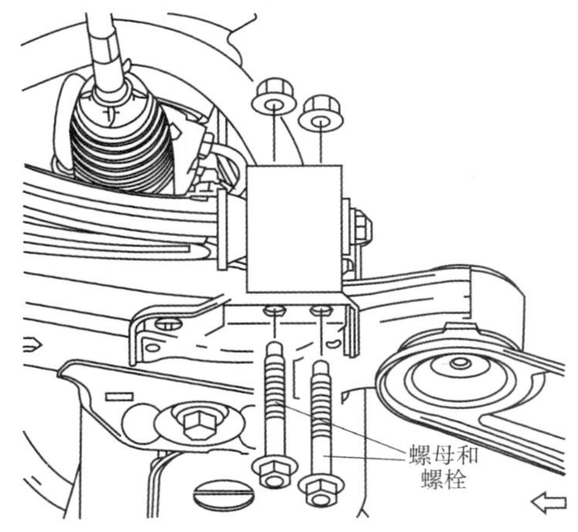

图 12-5 拆下前下控制臂螺母和螺栓

(7)拆下并报废后下控制臂衬套螺母和螺栓,如图 12-6 所示。

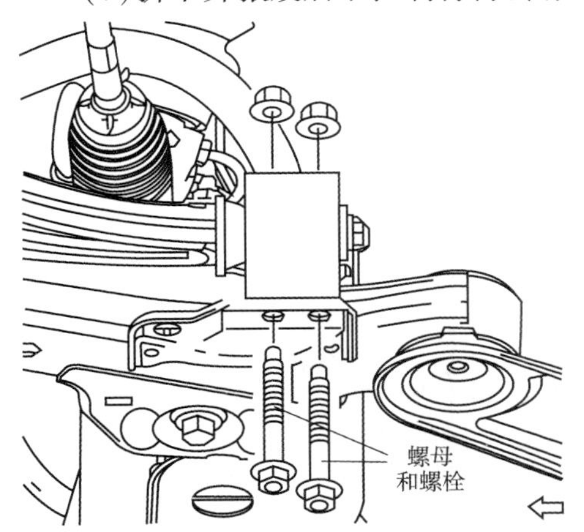

图 12-6 拆下后下控制臂衬套螺母和螺栓

(8)将下控制臂从前车架上拆下,如图 12-7 所示。

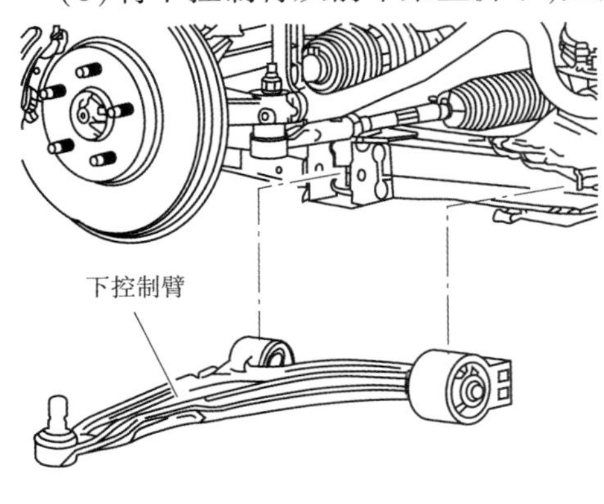

图 12-7 拆下下控制臂

2. 下控制臂的安装步骤

(1)将下控制臂置于托座,如图 12-8 所示。

(2)安装并手动紧固新的后下控制臂衬套螺母和螺栓,如图 12-9 所示。

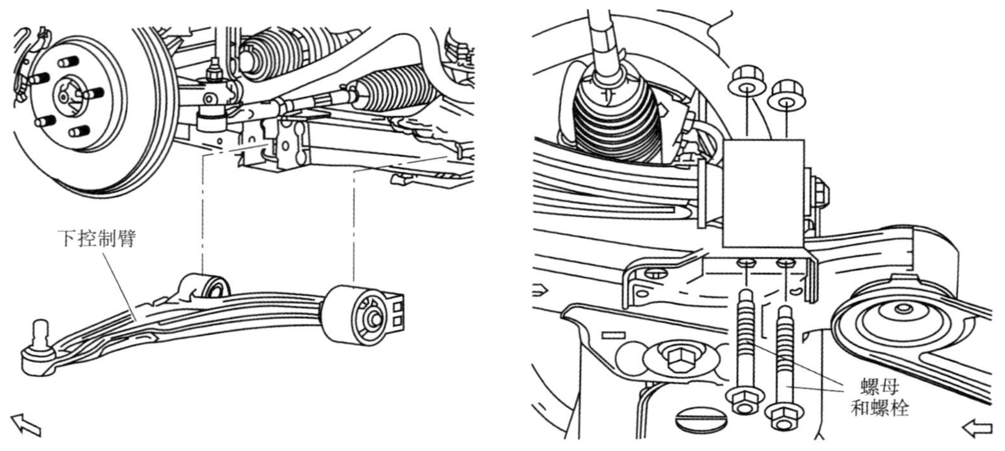

图 12-8　将下控制臂置于托座　　图 12-9　安装后下控制臂衬套螺母和螺栓

(3)安装并手动紧固新的前下控制臂螺母和螺栓,如图 12-10 所示。

(4)用液压千斤顶支承下控制臂并将控制臂提升到中间位置,如图 12-11 所示。

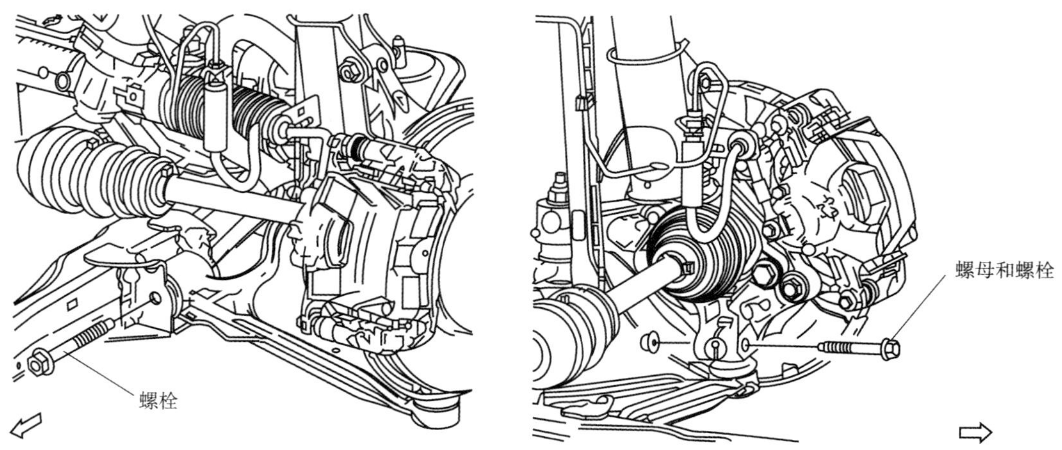

图 12-10　安装前下控制臂螺母和螺栓　　图 12-11　支承下控制臂

(5)使用新的螺母将新的球节安装至转向节螺栓并紧固至 30N · m。

(6)最后将球节至转向节螺母和螺栓再转 60°~75°紧固。

(7)将后下控制臂螺栓和螺母紧固至 70N · m。

(8)将后下控制臂螺栓和螺母再转 90°。

(9)将前下控制臂螺栓和螺母紧固至 90N · m。

(10)将前下控制臂螺栓和螺母再转 90°。

(11)拆下千斤顶。

(12)安装轮胎和车轮,降下车辆。

七 评分标准

实训评分表见表 12-1。

实训评分表 表 12-1

序号	考核项目	满分	评分标准	得分
1	作业前整理工位	5	酌情扣分	
2	举升和顶起车辆	5	举升和顶起不当扣 5 分	
3	轮胎和车轮总成拆卸	10	拆卸不当扣 10 分	
4	断开电气连接器	5	操作不当扣 5 分	
5	分离转向节	10	操作顺序错误、专用工具使用不当,转向节转动不当,扣 10 分	
6	拆下前下控制臂衬套螺栓	10	操作不当扣 10 分	
7	松弛安装下控制臂前衬套螺栓	10	操作不当扣 10 分	
8	紧固螺栓到规定力矩	10	坚固顺序、力矩大小操作不当扣 10 分	
9	将下球节安装到转向节中	10	操作不当扣 10 分	
10	按要求安装新螺母	10	工具使用不当,力矩不符扣 10 分	
11	连接电气连接器	5	没连接扣 5 分	
12	安装前轮胎和车轮总成	5	操作不当扣 5 分	
13	作业后整理工位	5	酌情扣分	
14	遵守相关安全规范	因违规操作造成人员和设备事故的,总分按 0 分计		
分数合计		100		

项目六 转向系统

实训13 动力转向机构的拆装

一 实训目标

(1)掌握正确使用拆装工具的方法。
(2)掌握动力转向机构拆装的方法。

二 实训器材

(1)举升工位4个。
(2)雪佛兰科鲁兹车辆4台。
(3)车辆防护三件套4套。
(4)常用汽车维修工具4套。

三 实训要求与注意事项

(1)在操作开始前,检查所有的设备并备齐工具。
(2)安装车轮挡块时,可以用举升机顶起部分车轮。
(3)三件套和翼子板布、前格栅布的安装方法要正确。
(4)注意防止热车时冷却液高温造成烫伤。
(5)实训过程要符合车辆维修的操作规程。

四 教学组织

1. 教学组织形式

本课程为"小班化"实训课,实训教师1名,学生24名,实训室共有4个实训工位,按照6人一个工位编组。

2. 实训教师职责

通过PPT课件展示、教学视频播放等教学手段,并结合讲解实训任务的操作步骤和相关注意事项;组织学生进行分组事项;巡视、检查、指导和纠正学生操作中的错误;课堂总结;组织学生做好5S管理。

3. 学生职责

认真观看PPT课件和教学视频;完成教师布置的任务;做好课后的清洁、整理等5S

管理工作。

五 操作步骤

1. 动力转向机构的拆卸步骤

(1)转动前轮至正向前位置,并固定转向盘防止移动。

(2)拆下并报废下中间转向轴螺栓,如图13-1所示。

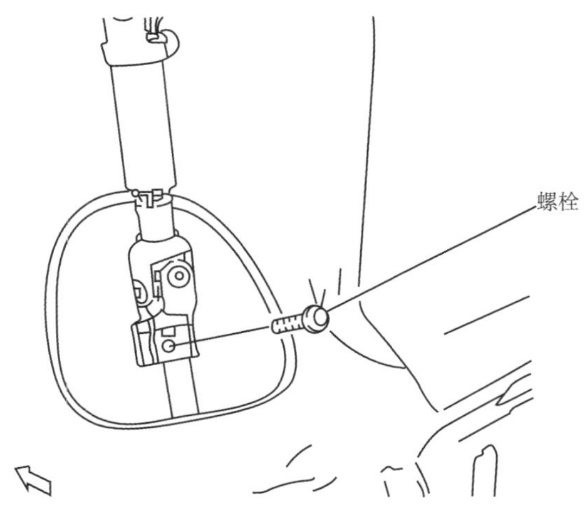

图13-1　拆下转向轴螺栓

(3)将转向中间轴从转向机上拆下。

(4)举升和顶起车辆。

(5)拆下轮胎和车轮总成。

(6)拆下前舱屏蔽板(若装配)。

(7)取下前排气管。

(8)拆下转向传动机构内转向横拉杆,如图13-2所示。

(9)拆下稳定杆连杆两侧的下螺母,如图13-3所示。

图13-2　拆下转向横拉杆

图13-3　拆下稳定杆

(10)拆下稳定杆处的稳定杆连杆,如图13-4所示。

(11)拆下发动机两侧侧盖上的4个紧固螺栓,如图13-5所示。

图13-4 拆下稳定杆连杆

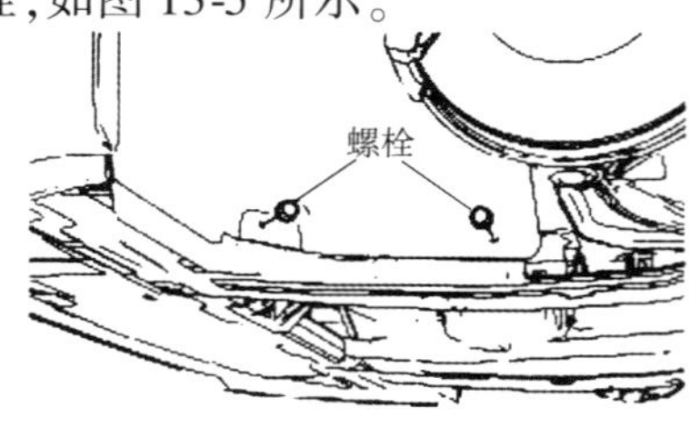

图13-5 拆下侧盖螺栓

(12)拆下前发动机舱盖的4个紧固件。

(13)拆下前、后变速器支座托架螺栓,如图13-6所示。

(14)拆下并报废2个后车架螺栓,如图13-7所示。

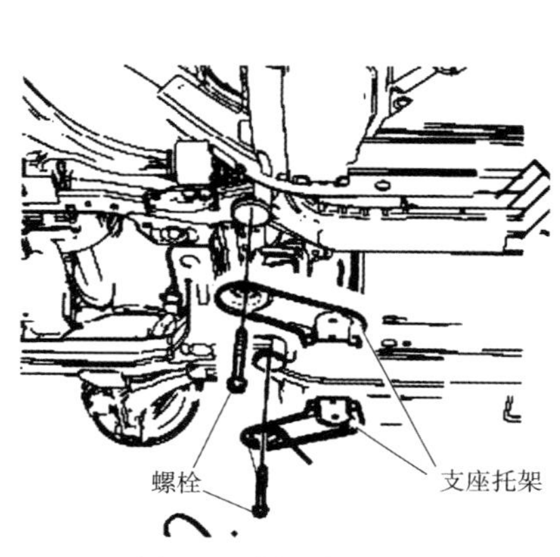

图13-6 拆下支座托架

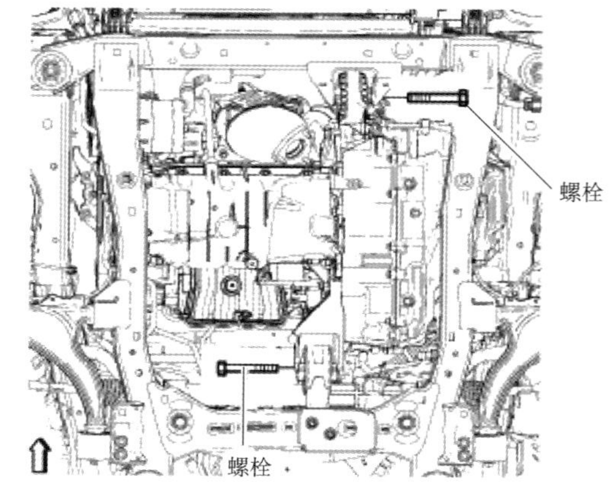

图13-7 拆下后车架螺栓

(15)拆下后车架加强件。

(16)将液压连杆与CH-904底座和CH-49289-50适配器连接,并安装在副车架上。将前盖弯曲到一侧,如图13-8所示。

(17)降下副车架,最多55mm。

(18)将2个线束插头从转向机上断开,如图13-9所示。

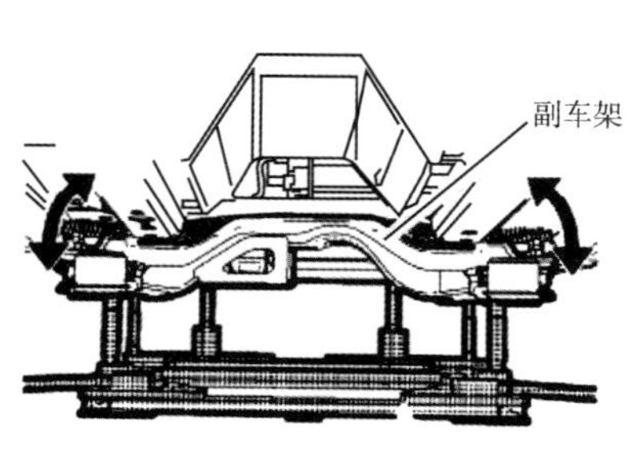

图13-8 液压连杆与底座和适配器连接

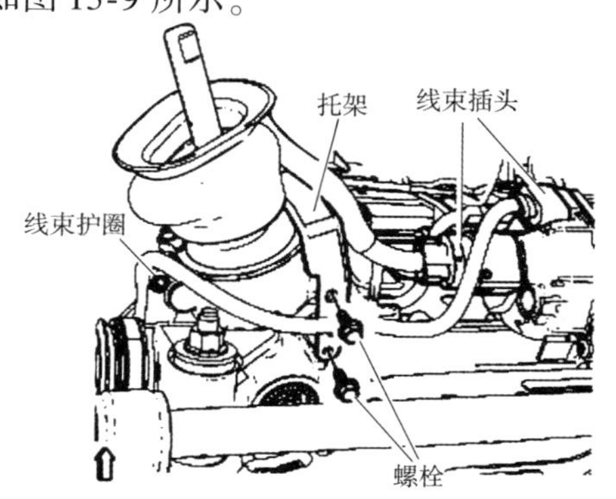

图13-9 将线束插头从转向机上断开

(19)拆下 2 个线束托架螺栓。

(20)从车上卸下托架。

(21)将线束护圈从转向机上卸下。

(22)拆下右稳定杆上的 2 个隔振垫夹紧螺栓,如图 13-10 所示。

(23)将稳定杆悬挂至车身,如图 13-11 所示。

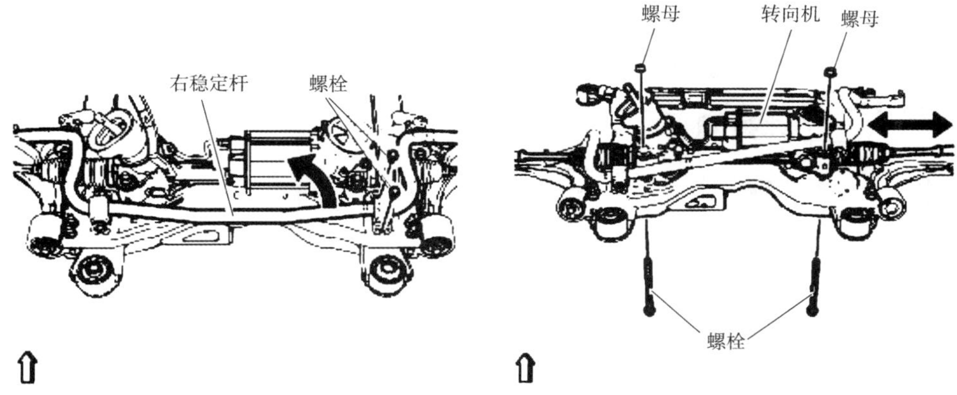

图 13-10 拆下隔振垫夹紧螺栓

图 13-11 拆下转向机

(24)从前副车架上拆下 2 个转向机螺栓和螺母。

(25)将转向机从右侧拆下。

2. 动力转向机构的安装步骤

确保转向柱仪表板密封件正确安装至转向机齿条锥齿轮壳体上。密封件唇口必须均匀地分布在下转向柱盖的表面上。在密封件唇口上涂抹肥皂水以方便密封件的安装。安装完成后,确认密封件唇口未向车辆内部突出。安装不恰当会导致密封性不好,并且导致车辆进水。

注意:检查线束布线是否正确,以确保正确安装。

(1)将转向机插入右侧,并将其置于安装位置。

(2)安装新的转向机转向机螺栓和螺母,首先用 110N · m 的扭矩紧固。

(3)最后将新的转向机螺栓和螺母再转 150° ~165°拧紧。可使用 EN-45059 仪表测定。

(4)安装 2 个发动机线束托架螺栓,并紧固至 9N · m,如图 13-12 所示。

(5)将线束护圈紧固至转向机上。

(6)连接 2 个线束插头。

(7)将稳定杆和托架置于副车架上。

(8)安装新的右稳定杆隔振垫夹紧螺栓,并紧固至 22N · m,如图 13-13 所示。

(9)最后将右稳定杆隔振垫夹紧螺栓再转 30°拧紧。可使用 EN-45059 仪表测定。

(10)移出 CH-49289 适配器上的定位销。

(11)小心地举升车架,此操作可使用 CH-49289 适配器。

注意:切勿重复使用旧螺栓。

(12)安装车架。

(13)安装新的车架后部螺栓,并紧固至 160N · m。

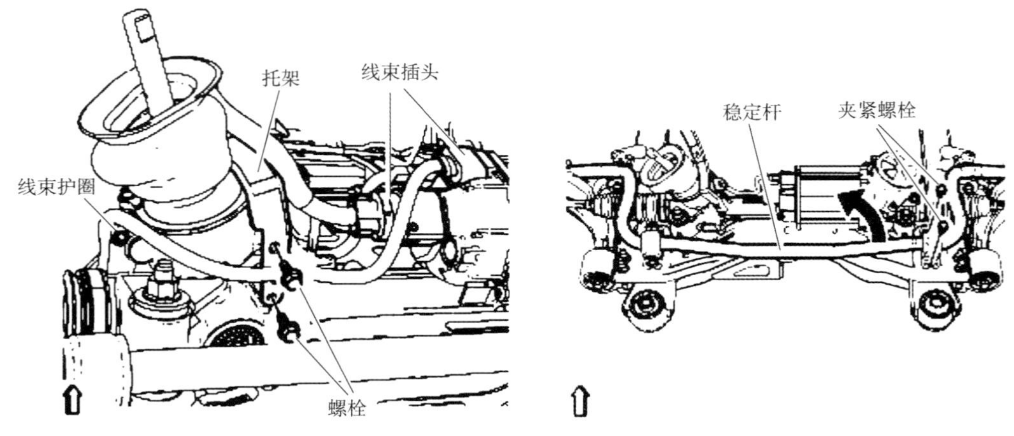

图 13-12 安装转向机　　图 13-13 安装稳定杆

(14)安装前变速器支座螺栓,并紧固至 58N·m。

(15)安装后变速器支座托架螺栓,并紧固至 100N·m。

(16)安装并紧固发动机两侧侧盖上的 4 个紧固件。

(17)安装并紧固前发动机舱盖的 4 个紧固件。

(18)安装前舱屏蔽板(若装配)。

(19)安装前排气管。

(20)安装转向传动机构内转向横拉杆。

(21)安装稳定杆连杆两侧的下螺母,并紧固至 35N·m。

(22)放下车辆。

(23)安装新的下中间转向轴螺栓,并紧固至 34N·m。

(24)对中转向盘转角传感器。

(25)安装轮胎和车轮总成。

六 评分标准

实训评分表见表 13-1。

实 训 评 分 表　　表 13-1

序号	考 核 项 目	满分	评 分 标 准	得分
1	转动前轮至正向前位置,并固定转向盘防止移动	2	操作不当扣 2 分	
2	拆下并报废下中间转向轴螺栓	2	操作不当扣 2 分	
3	将转向中间轴从转向机上拆下	2	操作不当扣 2 分	
4	举升和顶起车辆	2	操作不当扣 2 分	
5	拆下轮胎和车轮总成	2	操作不当扣 2 分	
6	拆下前舱屏蔽板	2	操作不当扣 2 分	
7	取下前排气管	2	操作不当扣 2 分	

续上表

序号	考核项目	满分	评分标准	得分
8	拆下转向传动机构内转向横拉杆	2	操作不当扣2分	
9	拆下稳定杆连杆两侧的下螺母	2	操作不当扣2分	
10	拆下稳定杆处的稳定杆连杆	2	操作不当扣2分	
11	拆下发动机两侧侧盖上的4个紧固件	2	操作不当扣2分	
12	拆下前发动机舱盖的4个紧固件	2	操作不当扣2分	
13	拆下前、后变速器支座托架螺栓	2	操作不当扣2分	
14	拆下并报废2个后车架螺栓	2	操作不当扣2分	
15	拆下后车架加强件	2	操作不当扣2分	
16	将液压连杆与CH-904底座和CH-49289-50适配器连接,并安装在副车架上。将前盖弯曲到一侧	2	操作不当扣2分	
17	降下副车架	2	操作不当扣2分	
18	将2个线束插头从转向机上断开	2	操作不当扣2分	
19	拆下2个线束托架螺栓	2	操作不当扣2分	
20	从车上卸下托架	2	操作不当扣2分	
21	将线束护圈从转向机上卸下	2	操作不当扣2分	
22	拆下右稳定杆上的2个隔振垫夹紧螺栓	2	操作不当扣2分	
23	将稳定杆悬挂至车身	2	操作不当扣2分	
24	从前副车架上拆下2个转向机螺栓和螺母	2	操作不当扣2分	
25	将转向机从右侧拆下	2	操作不当扣2分	
26	将转向机插入右侧,并将其置于安装位置	2	操作不当扣2分	
27	安装新的转向机转向机螺栓和螺母	2	操作不当扣2分	
28	将新的转向机螺栓和螺母再转150°~165°拧紧	2	操作不当扣2分	
29	安装2个发动机线束托架螺栓	2	操作不当扣2分	
30	将线束护圈紧固至转向机上	2	操作不当扣2分	
31	连接2个线束插头	2	操作不当扣2分	
32	将稳定杆和托架置于副车架上	2	操作不当扣2分	
33	安装新的右稳定杆隔振垫夹紧螺栓	2	操作不当扣2分	
34	最后将右稳定杆隔振垫夹紧螺栓再转30°拧紧	2	操作不当扣2分	
35	移出CH-49289适配器上的定位销	2	操作不当扣2分	

续上表

序号	考 核 项 目	满分	评 分 标 准	得分
36	小心地举升车架,此操作可使用 CH-49289 适配器	2	操作不当扣 2 分	
37	安装车架	2	操作不当扣 2 分	
38	安装新的车架后部螺栓	2	操作不当扣 2 分	
39	安装前变速器支座螺栓	2	操作不当扣 2 分	
40	安装后变速器支座托架螺栓	2	操作不当扣 2 分	
41	安装并紧固发动机两侧侧盖上的 4 个紧固件	2	操作不当扣 2 分	
42	安装并紧固前发动机舱盖的 4 个紧固件	2	操作不当扣 2 分	
43	安装前舱屏蔽板	2	操作不当扣 2 分	
44	安装前排气管	2	操作不当扣 2 分	
45	安装转向传动机构内转向横拉杆	2	操作不当扣 2 分	
46	安装稳定杆连杆两侧的下螺母	2	操作不当扣 2 分	
47	放下车辆	2	操作不当扣 2 分	
48	安装新的下中间转向轴螺栓	2	操作不当扣 2 分	
49	对中转向盘转角传感器	2	操作不当扣 2 分	
50	安装轮胎和车轮总成	2	操作不当扣 2 分	
51	遵守相关安全规范	因违规操作造成人员和设备事故的,总分按 0 分计		
分数总计		100		

实训 14　转向横拉杆的更换

一 实训目标

(1)掌握正确使用拆装工具的方法。

(2)掌握正确拆装转向横拉杆的方法。

(3)熟悉转向系统的各零件的名称、位置、结构和作用。

二 实训内容

1. 转向拉杆的作用

转向拉杆(图 14-1)是汽车转向机构中的重要零件,其直接影响汽车操纵的稳定性、运行的安全性和轮胎的使用寿命。

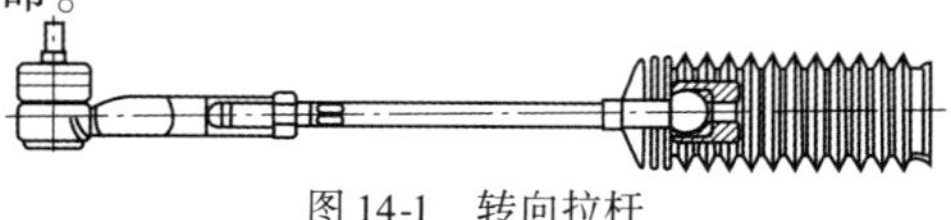

图 14-1　转向拉杆

2. 转向拉杆的类型

转向拉杆分为转向直拉杆与转向横拉杆。转向直拉杆承担着把转向摇臂的运动传递给转向节臂的任务;转向横拉杆则是转向梯形机构的底边,是确保左右转向轮产生正确运动关系的关键部件。

3. 实训任务

按照维修手册的规范要求对中间转向轴进行拆装,通过拆装去观察和认识转向轴的构成和基本工作原理。

三 实训要求与注意事项

(1)在操作开始前,检查所有的设备并备齐工具。

(2)安装车轮挡块时,可以用举升机顶起部分车轮。

(3)座椅三件套和翼子板布、前格栅布的安装方法要正确。

(4)注意防止热车时冷却液高温造成烫伤。

(5)实训过程要符合车辆维修的操作规程。

四 教学组织

1. 教学组织形式

本课程为"小班化"实训课,实训教师 1 名,学生 24 名,实训室共有 4 个实训工位,按照 6 人一个工位编组。

2. 实训教师职责

通过 PPT 课件展示、教学视频播放等教学手段,并结合讲解实训任务的操作步骤和相关注意事项;组织学生进行分组事项;巡视、检查、指导和纠正学生操作中的错误;课堂总结;组织学生做好 5S 管理。

3. 学生职责

认真观看 PPT 课件和教学视频;完成教师布置的任务;做好课后的清洁、整理等 5S 管理工作。

五 操作步骤

1. 拆卸步骤

(1)拆下转向传动机构外转向横拉杆。

(2)拆下转向传动机构内转向横拉杆螺母,如图 14-2 所示。

(3)拆下转向机外护套卡箍,如图 14-3 所示。

(4)松开转向机内护套卡箍,并在转向机上标记护套卡箍的安装位置。

(5)拆下转向机护套,如图 14-4 所示。

(6)拆下转向机内护套卡箍。

(7)用拆卸工具拆下转向传动机构内转向横拉杆,如图 14-5 所示。

(8)从转向传动机构内转向横拉杆上拆下隔垫,如图 14-6 所示。

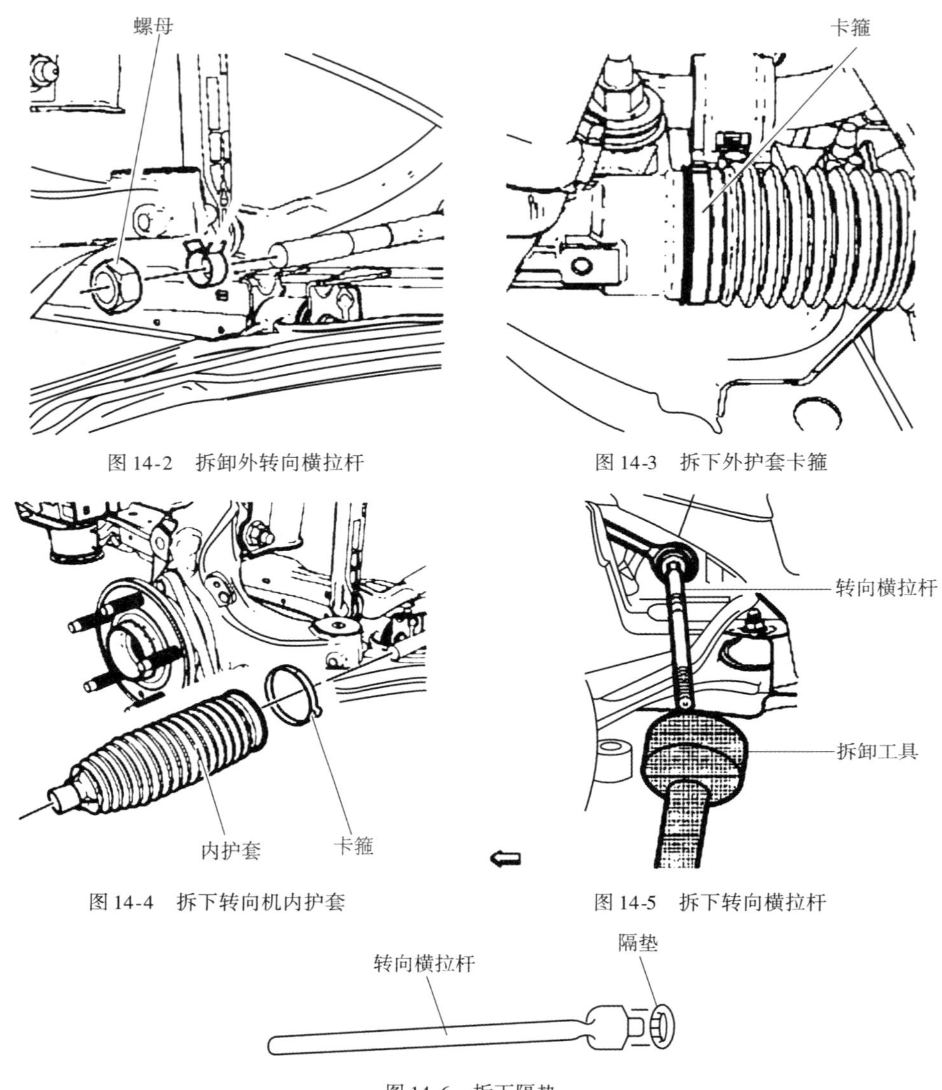

图 14-2 拆卸外转向横拉杆

图 14-3 拆下外护套卡箍

图 14-4 拆下转向机内护套

图 14-5 拆下转向横拉杆

图 14-6 拆下隔垫

2. 安装步骤

(1)将隔垫安装至转向传动机构内转向横拉杆。

(2)用安装工具安装转向传动机构内转向横拉杆。

(3)紧固转向传动机构内转向横拉杆至 85N·m。

(4)将一个新的卡箍松松地安装在转向机护套的内侧。

(5)将维修组件内的润滑脂涂到标识位置。

(6)将护套卡箍调节至转向机上标记的位置,以确保正确的安装位置。

(7)使用钳子压接转向机内护套卡箍。

(8)安装转向机外护套卡箍。

(9)安装转向传动机构内转向横拉杆螺母。

(10)安装转向传动机构外转向横拉杆。

六 评分标准

实训评分表见表14-1。

实训评分表 表14-1

序号	考核项目	满分	评分标准	得分
1	作业前整理工位	5	酌情扣分	
2	拆下转向传动机构外转向横拉杆	5	酌情扣分	
3	拆下转向传动机构内转向横拉杆螺母	5	酌情扣分	
4	拆下转向机外护套卡箍	5	酌情扣分	
5	松开转向机内护套卡箍	5	酌情扣分	
6	拆下转向机护套	5	酌情扣分	
7	拆下转向机内护套卡箍	5	酌情扣分	
8	CH-6247拆卸工具拆下转向传动机构内转向横拉杆	5	酌情扣分	
9	从转向传动机构内转向横拉杆上拆下隔垫	5	酌情扣分	
10	将隔垫安装至转向传动机构内转向横拉杆	5	酌情扣分	
11	CH-6247安装工具安装转向传动机构内转向横拉杆	5	酌情扣分	
12	紧固转向传动机构内转向横拉杆至85N·m	5	酌情扣分	
13	将一个新的卡箍松松地安装在转向机护套的内侧	5	酌情扣分	
14	将维修组件内的润滑脂涂到标识位置	5	酌情扣分	
15	将护套卡箍调节至转向机上标记的位置,以确保正确的安装位置	5	酌情扣分	
16	使用CH-804钳子压接转向机内护套卡箍	5	酌情扣分	
17	安装转向机外护套卡箍	5	酌情扣分	
18	安装转向传动机构内转向横拉杆螺母	5	酌情扣分	
19	安装转向传动机构外转向横拉杆	5	酌情扣分	
20	作业后整理工位	5	酌情扣分	
21	遵守相关安全规范	因违规操作造成人员和设备事故的,总分按0分计		
分数合计		100		

实训15 转向柱的更换

一 实训目标

(1)掌握正确使用拆装工具的方法。
(2)掌握正确拆装转向柱的方法。
(3)熟悉转向系统的各零件的名称、位置、结构和作用。

二 实训内容

1. 转向系统的作用

用来改变或保持汽车行驶或倒退方向的一系列装置,称为汽车转向系统,如图15-1所示。汽车转向系统的功能就是按照驾驶人的意愿控制汽车的行驶方向。汽车转向系统对汽车的行驶安全至关重要,因此,汽车转向系统的零件都称为"保安件",即汽车转向系统和制动系统都是保证汽车安全的重要系统。

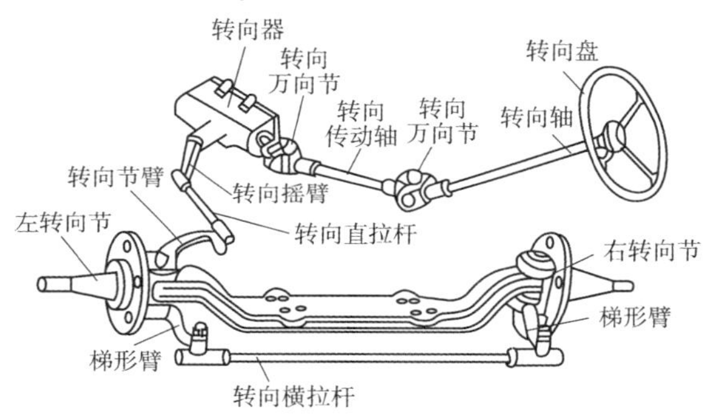

图15-1 转向系统

2. 转向系统的类型

汽车转向系统分为机械转向系统和动力转向系统两大类。

机械转向系统以驾驶人的体力作为转向能源,其中所有传力件都是机械的。机械转向系统由转向操纵机构、转向器和转向传动机构三大部分组成。

动力转向系统是兼用驾驶人体力和发动机动力为转向能源的转向系统。在正常情况下,汽车转向所需能量,只有一小部分由驾驶人提供,而大部分是由发动机通过动力转向装置提供的。但在动力转向装置失效时,一般还应当能由驾驶人独立承担汽车转向任务。因此,动力转向系统是在机械转向系统的基础上加设一套动力转向装置而形成的。

3. 实训任务

按照维修手册的规范要求对中间转向轴进行拆装,通过拆装去观察和认识转向轴的构成和基本工作原理。

三 实训要求与注意事项

(1)在操作开始前,检查所有的设备并备齐工具。

(2)安装车轮挡块时,可以用举升机顶起部分车轮。

(3)座椅三件套和翼子板布、前格栅布的安装方法要正确。

(4)注意防止热车时冷却液高温造成烫伤。

(5)实训过程要符合车辆维修的操作规程。

四 教学组织

1. 教学组织形式

本课程为“小班化”实训课,实训教师1名,学生24名,实训室共有4个实训工位,按照6人一个工位编组。

2. 实训教师职责

通过PPT课件展示、教学视频播放等教学手段,并结合讲解实训任务的操作步骤和相关注意事项;组织学生进行分组事项;巡视、检查、指导和纠正学生操作中的错误;课堂总结;组织学生做好5S管理。

3. 学生职责

认真观看PPT课件和教学视频;完成教师布置的任务;做好课后的清洁、整理等5S管理工作。

五 操作步骤

1. 拆卸步骤

(1)将转向盘转到正向前位置,支承并防止移动。

(2)拆下2个转向轴螺栓,如图15-2所示。

(3)拆下中间转向轴,如图15-3所示。

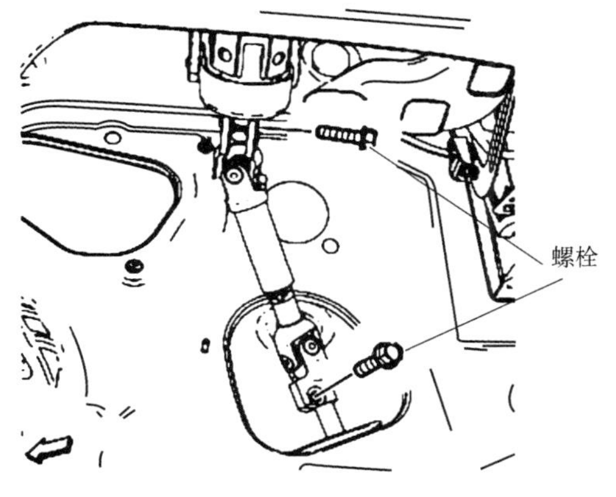

图15-2 拆下转向轴螺栓

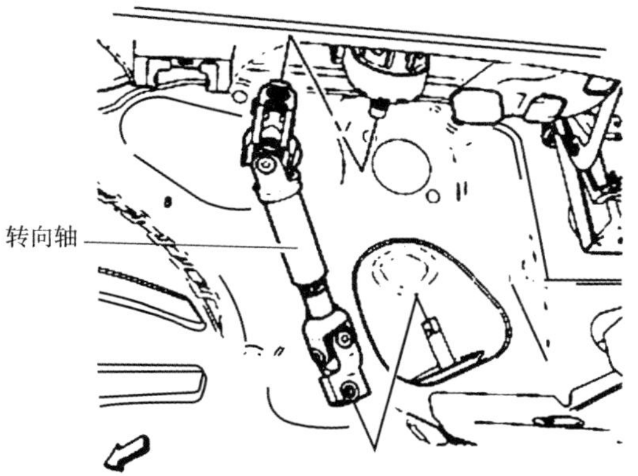

图15-3 拆下中间转向轴

2. 安装步骤

(1)安装中间转向轴。

(2)将上万向节小心地推至转向柱上。

(3)将下万向节向下推至转向机小齿轮上,如图15-4所示。

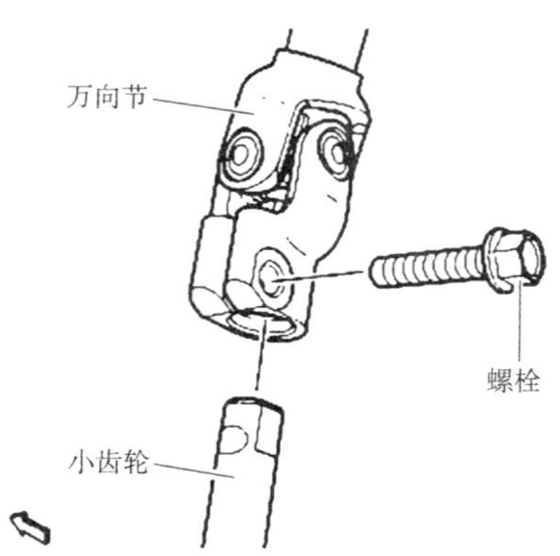

图 15-4 将下万向节推至转向机小齿轮上

注意:万向节内良好轮齿的凹槽必须精确对准转向小齿轮上良好轮齿的凹槽。万向节的孔必须对准转向小齿轮的凹槽。

(4)将万向节小心地推至转向齿轮上。

(5)安装 2 个中间转向轴螺栓,并紧固至 25N·m,如图 15-5 所示。

(6)将 2 个中转向柱螺栓再转 180°~195°紧固。

(7)对中转向盘转角传感器,如图 15-6 所示。

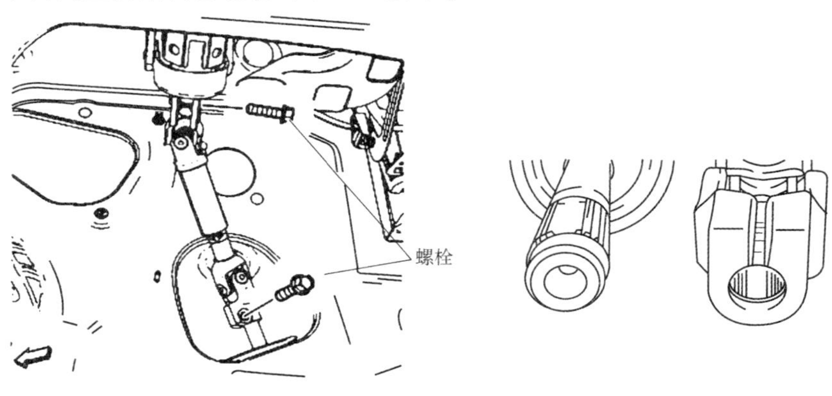

图 15-5 安装转向轴螺栓

图 15-6 转向盘转角传感器

六 评分标准

实训评分表见表 15-1。

实训评分表 表 15-1

序号	考核项目	满分	评分标准	得分
1	作业前整理工位	5	酌情扣分	
2	将转向盘转到正向前位置,支撑并防止移动	5	酌情扣分	
3	拆下 2 个中间转向轴螺栓	5	酌情扣分	
4	拆下中间转向轴	10	酌情扣分	

续上表

序号	考核项目	满分	评分标准	得分
5	安装中间转向轴	10	酌情扣分	
6	安装中间转向轴	10	酌情扣分	
7	将上万向节推至转向柱上	10	酌情扣分	
8	将下万向节向下推至转向机小齿轮上	10	酌情扣分	
9	将万向节推至转向齿轮上	10	酌情扣分	
10	安装2个中间转向轴螺栓,并紧固至25N·m	10	酌情扣分	
11	将2个中转向柱螺栓再转180°~195°紧固	5	酌情扣分	
12	对中转向盘转角传感器	5	酌情扣分	
13	作业后整理工位	5	酌情扣分	
14	遵守相关安全规范	因违规操作造成人员和设备事故的,总分按0分计		
分数合计		100		

项目七 制动系统

实训 16 盘式制动器的拆装

一 实训目标

(1)熟悉盘式制动器各零件的名称、结构、安装位置和作用。

(2)掌握正确拆装盘式制动器的方法。

二 实训内容

1. 汽车制动系统的作用

汽车制动系统的作用是按照需要使汽车减速或在最短距离内停车,下坡行驶时保持车速稳定,使停驶的汽车可靠驻停。按功能不同,汽车制动系统可分为行车制动系统和驻车制动系统(图 16-1)。行车制动系统用于使行驶中的车辆减速或停车,通常由驾驶人用脚操纵,一般包含制动踏板、制动主缸、制动轮缸、制动管路、车轮制动器等;驻车制动系统用于使停驶的汽车驻留原地,通常由驾驶人用手操纵,一般包含制动手柄、拉索(拉杆)、制动器。

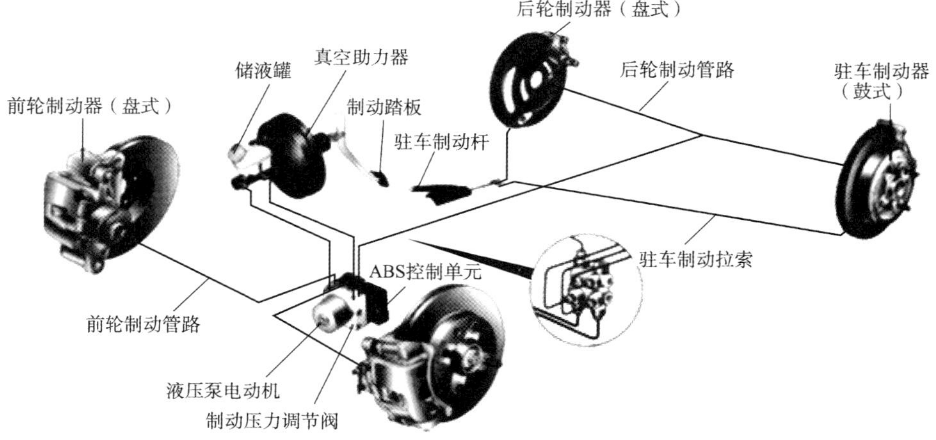

图 16-1 汽车制动系统的组成

2. 盘式制动器作用和分类

盘式制动器的工作原理是通过摩擦衬块从两侧夹紧与车轮共同旋转的制动盘,而产生制动效能,进而根据需要使汽车减速或在最短的距离内停车。根据其固定元件的结构类型,可分为钳盘式和全盘式两种。钳盘式车轮制动器按其结构类型可分为定钳盘式和浮钳盘式两种(图 16-2)。

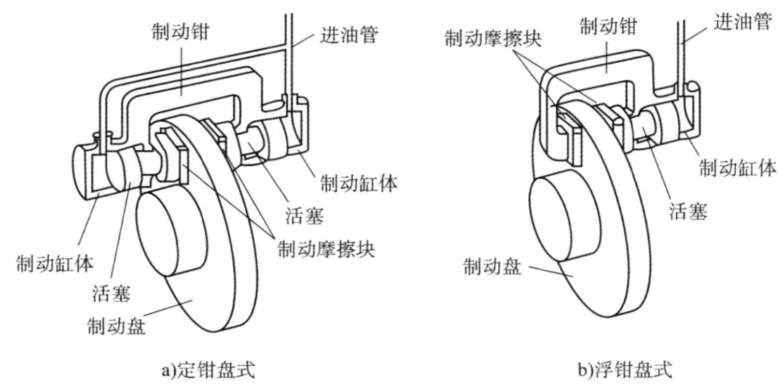

图 16-2 盘式制动器的类型

本次实训以浮钳盘式制动器为例进行拆装。

3. 浮钳盘式制动器的结构

浮钳盘式制动器的结构原理如图 16-3 所示。制动钳通过导向销与车桥相连,可以相对于制动盘轴向移动,制动钳体只在制动盘的内侧设置油缸,而外侧的制动块则附装在钳体上。制动时,液压油通过进油管进入制动轮缸,推动活塞及其上的摩擦块向右移动,并压到制动盘上,并使得油缸连同制动钳整体沿导向销向左移动,直到制动盘右侧的摩擦块也压到制动盘上,夹住制动盘并使其制动。

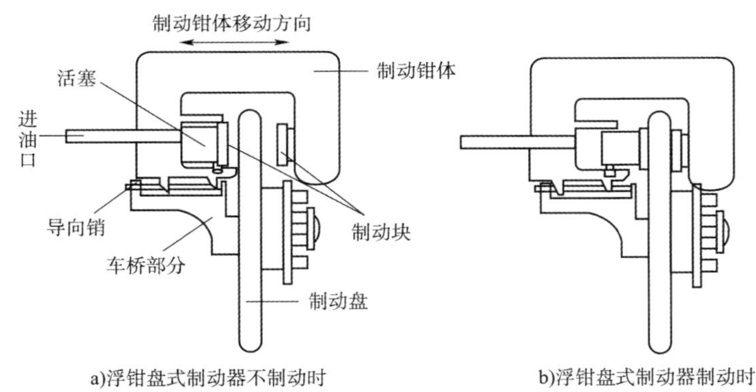

图 16-3 浮钳盘式制动器的结构原理

图 16-4 所示为汽车的前轮盘式制动器,该制动器为浮钳盘式制动器。它由制动盘、内外摩擦块、制动钳壳体、制动钳支架、前制动轮缸等组成。

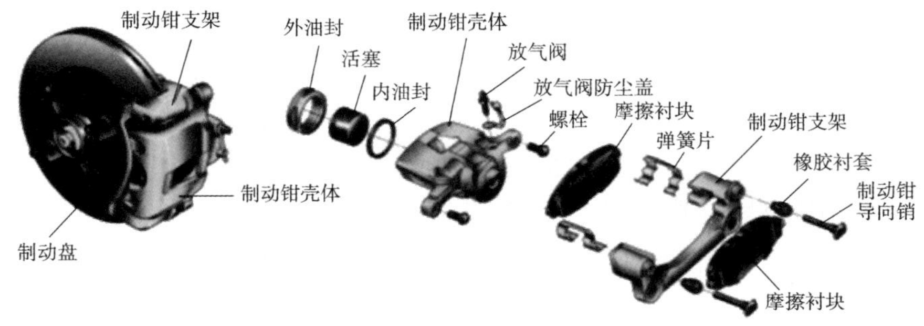

图 16-4 盘式制动器

4. 实训任务

按照维修手册的规范要求对车辆的盘式制动器的各个部件和总成进行拆装,通过拆装学会盘式制动器易损件的更换方法。

三 实训器材

(1)举升工位4个。
(2)雪佛兰科鲁兹车辆4台。
(3)拆装工具4套。

四 实训要求与注意事项

(1)在操作开始前,检查所有的设备并备齐工具。
(2)在操作前,拆除车辆的两个前轮。
(3)举升车辆到适合拆装制动器的高度。
(4)按维修手册要求规范拆装盘式制动器。

五 教学组织

1. 教学组织形式

本课程为"小班化"实训课,实训教师1名,学生24名,实训室共有4个实训工位,按照6人一个工位编组。

2. 实训教师职责

通过PPT展示、微课视频播放等教学手段,讲解实训任务的操作步骤和相关注意事项;组织学生进行分组学习;巡视、检查、指导和纠正学生操作中的错误;组织学生做好5S管理。

3. 学生职责

观看PPT课件和微课视频;完成教师布置的学习任务;做好5S管理工作。

六 操作步骤

1. 盘式制动器拆卸流程

(1)检查制动主缸储液罐中制动液的液位(图16-5)。

如果制动液液位处于最满标记和最低允许之间的中间位置以下,则在更换制动片、制动盘时不必排出制动液,否则应将制动液排出至中间位置以下。

(2)举升并顶起车辆到合适高度。

(3)拆下轮胎和车轮总成。按图16-6所示顺序交替松开螺母。

(4)拆下制动钳下导销螺栓。根据需要,选择拆除一枚还是两枚螺栓导销螺栓。

(5)不断开制动器软管,向上转动制动钳(图16-7),并用粗钢丝或同等工具固定制动钳。

(6)将制动片从制动钳安装托架上拆下,如图16-8所示。

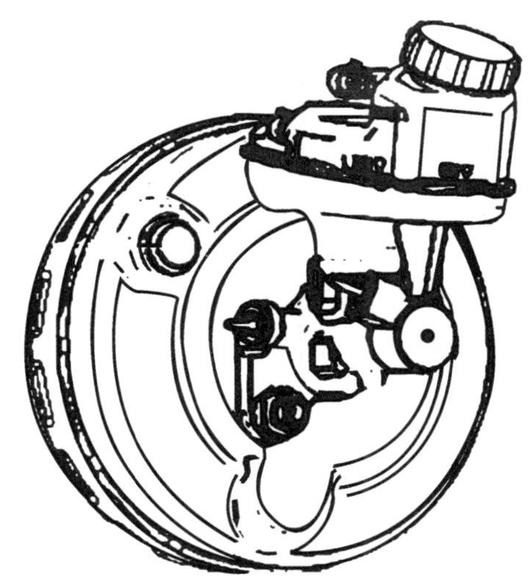

图 16-5　制动液液位

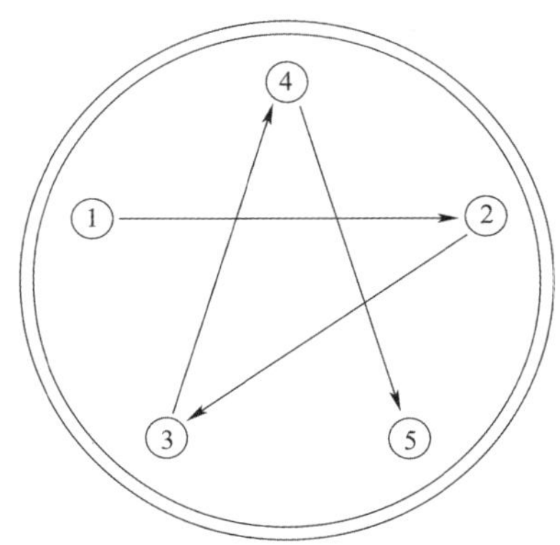

图 16-6　车轮螺母的拆装顺序

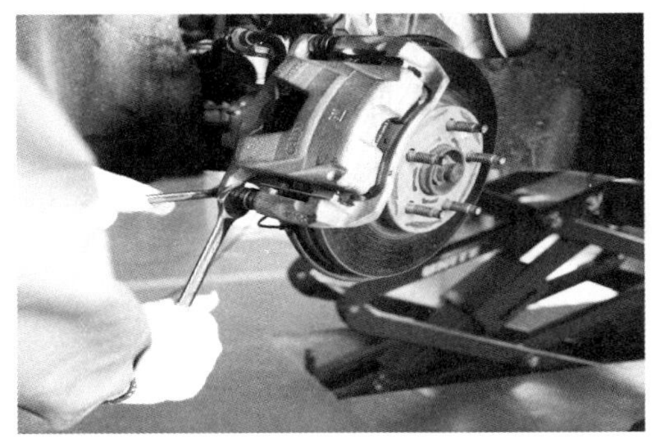

图 16-7　向上转动制动钳

图 16-8　拆下制动片

(7)使用专用工具将盘式制动器制动钳活塞推入制动钳孔中,如图 16-9 所示。

(8)将制动片固定弹簧从制动钳托架上拆下(图 16-10)。检查制动片固定弹簧是否存在安装凸舌弯曲、严重腐蚀、制动钳安装托架松动、盘式制动片松动等状况。

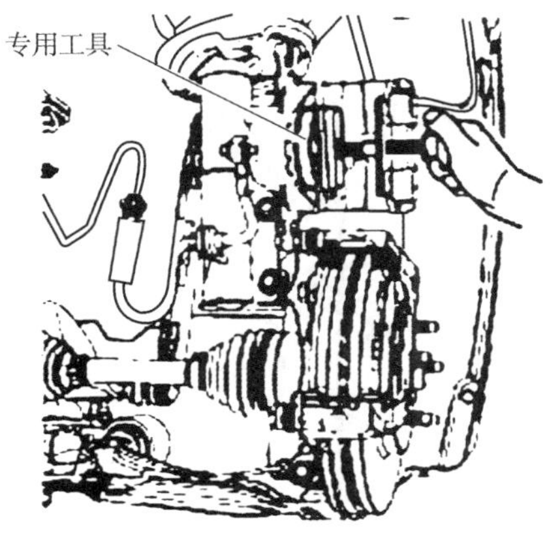

图 16-9　专用工具压制动钳活塞

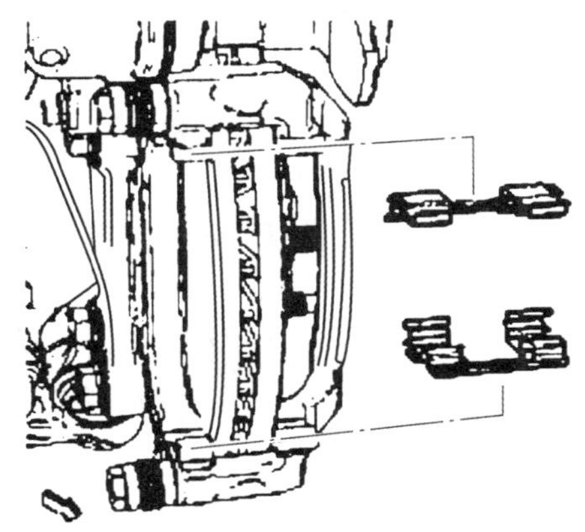

图 16-10　拆下制动片固定弹簧

(9)彻底清理制动钳托架上的制动片构件接合面处的所有碎屑和腐蚀。

(10)检查制动钳导销是否可以自由移动,并检查导销护套的状况。

在支架孔内外移动导销,但不能使滑动脱离护套,查看是否有制动钳导销移动受限、制动钳安装托架松动、制动钳导销卡死或卡滞、护套开裂或破损等状况,如果有,则需要更换制动钳导销和护套。

(11)拆下并报废制动钳托架螺栓,如图16-11所示。

(12)将制动钳托架从转向节上拆下。

(13)检查制动钳托架。如果制动钳托架出现弯曲、裂纹或损坏,务必予以更换。

(14)拆下制动盘螺钉,如图16-12所示。

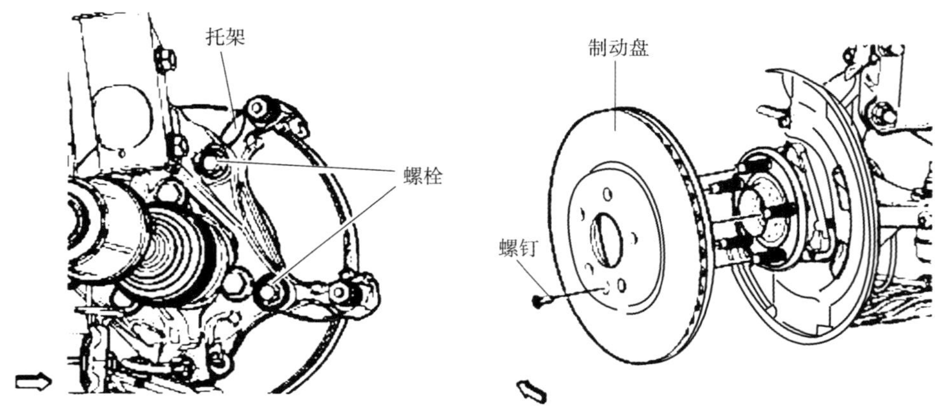

图16-11　制动钳托架螺栓　　图16-12　制动盘螺钉

(15)将制动盘从轮毂上拆下。

(16)拆下轮速传感器螺栓,如图16-13所示。

(17)拆下轮速传感器。

(18)拆下并报废车轮轴承轮毂安装螺栓,如图16-14所示。

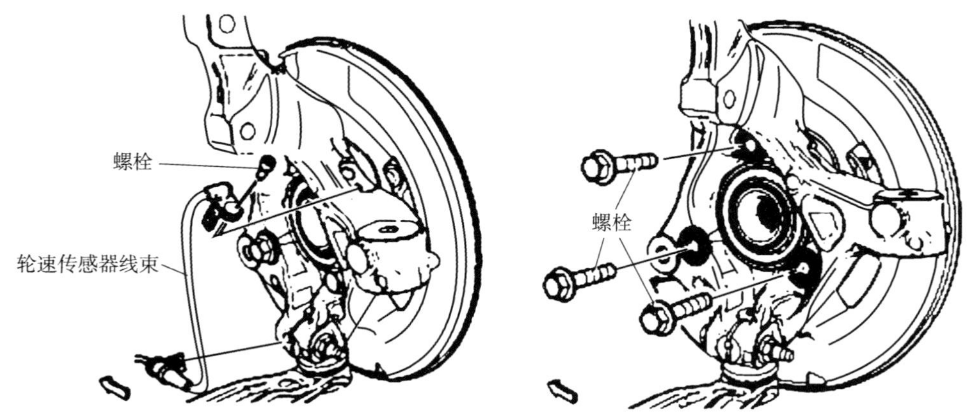

图16-13　轮速传感器螺栓　　图16-14　轮毂安装螺栓

(19)将车轮轴承轮毂和制动器防溅罩从转向节上拆下。

2. 盘式制动器安装流程

(1)将前制动器防溅罩和车轮轴承轮毂总成置于转向节上,如图 16-15 所示。

(2)将轴承轮毂螺栓紧固至 90N·m,然后再紧固 60°~75°,如图 16-16 所示。

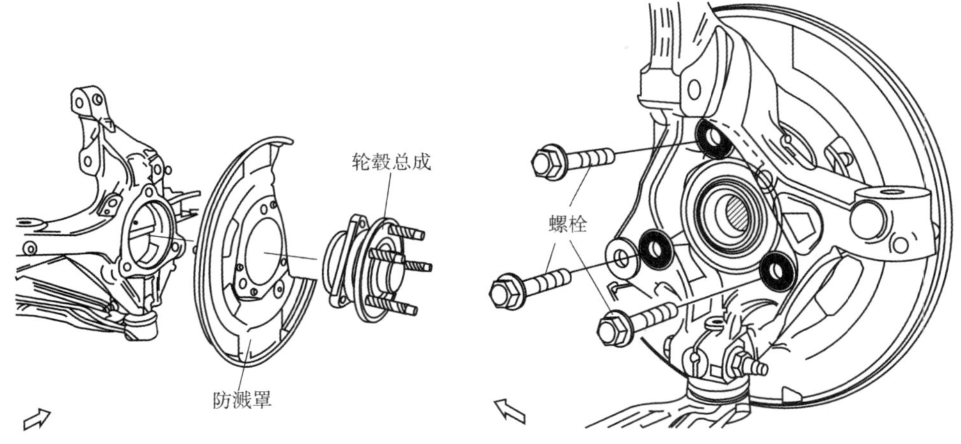

图 16-15 安装防溅罩与轮毂总成　　图 16-16 紧固轴承轮毂螺栓

(3)将轮速传感器线束安装至转向节,如图 16-17 所示。

(4)安装轮速传感器。

(5)安装轮速传感器螺栓并紧固至 6N·m。

(6)安装前制动盘,如图 16-18 所示。

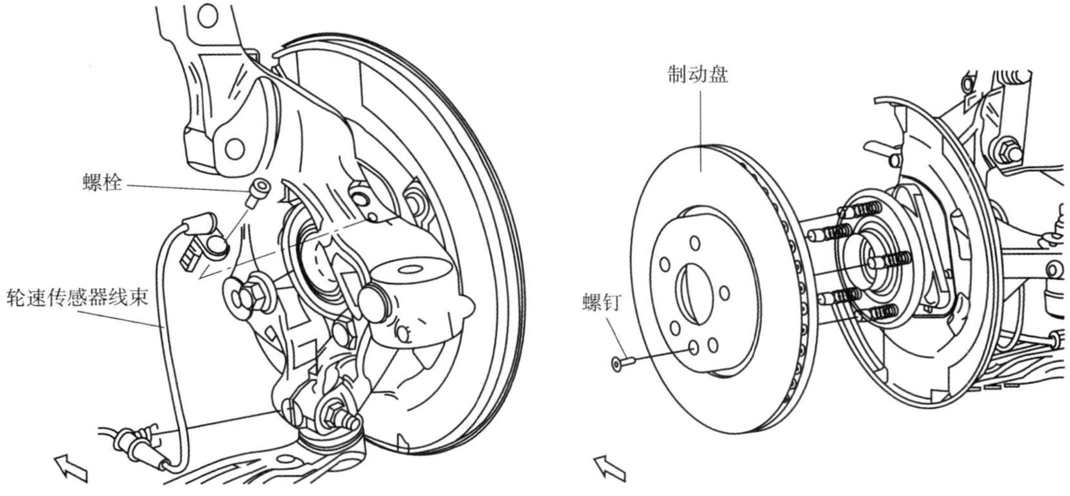

图 16-17 安装轮速传感器线束　　图 16-18 安装前制动盘

(7)将制动钳托架安装至转向节,如图 16-19 所示。

(8)安装新的制动钳托架螺栓。并在第一遍将其紧固至 150N·m,第二遍将新的制动钳螺栓再紧固 45°~60°。

(9)仅在制动钳托架的制动摩擦片构件接合面处涂抹一层薄薄的高温硅制动润滑剂。

(10)安装制动摩擦片固定弹簧,如图 16-20 所示。

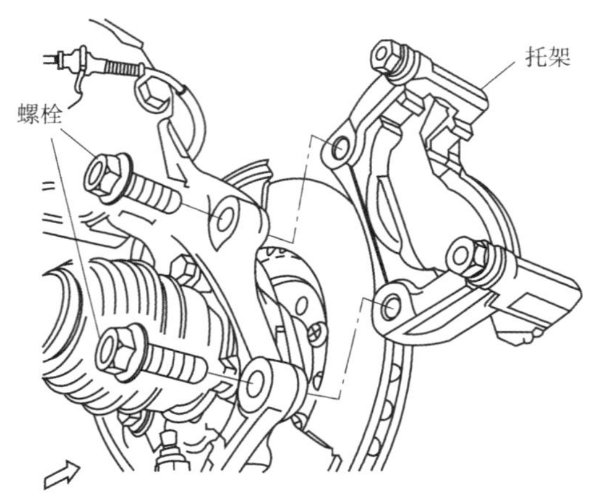

图 16-19　安装制动钳托架

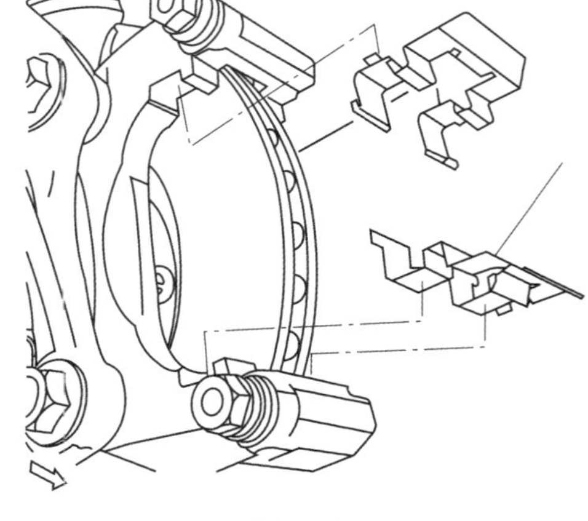

图 16-20　安装制动摩擦片固定弹簧

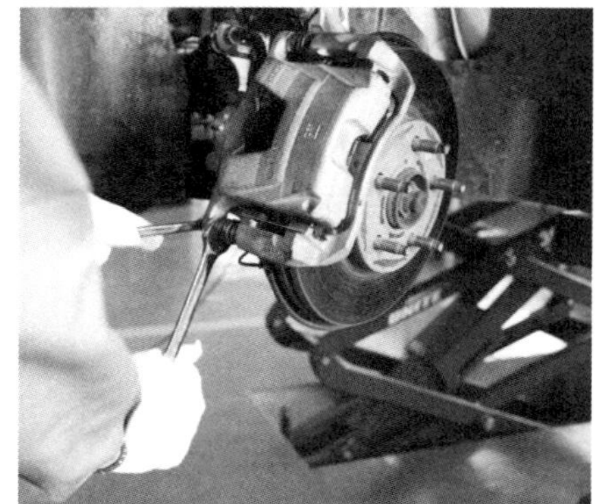

图 16-21　安装导销螺栓

(11)将制动摩擦片固定件安装至制动钳托架上。

(12)拆下支架并将制动钳重新放置越过制动摩擦片至制动钳托架。确保导销螺栓护套被压紧。

(13)安装导销螺栓,并紧固至 28N · m,如图 16-21 所示。

(14)安装轮胎和车轮总成。

(15)降下车辆。

(16)关闭发动机,逐渐踩下制动踏板至其行程约三分之二直至制动踏板坚实。这将使制动钳活塞和制动摩擦片正确就位。

(17)加注主缸辅助储液罐至适当液位。

七 评分标准

(1)拆卸流程实训评分表见表 16-1。

实训评分表(一)　　表 16-1

序号	考核项目	满分	评分标准	得分
1	检查制动主缸储液罐中制动液的液位	5	未检查扣 5 分	
2	举升和顶起车辆到合适高度	5	高度错误扣 5 分	
3	拆下轮胎和车轮总成	5	操作不当扣 5 分	
4	拆下制动钳下导销螺栓	5	操作不当扣 5 分	
5	向上转动制动钳,并用粗钢丝或同等工具固定制动钳	5	操作不当扣 5 分	
6	将制动摩擦片从制动钳安装托架上拆下	5	操作不当扣 5 分	
7	使用专用工具将盘式制动器制动钳活塞推入制动钳孔中	5	操作不当扣 5 分	

续上表

序号	考核项目	满分	评分标准	得分
8	将制动摩擦片固定弹簧从制动钳托架上拆下	5	操作不当扣5分	
9	彻底清理制动钳托架上的制动摩擦片构件接合面处的所有碎屑和腐蚀	5	操作不当扣5分	
10	检查制动钳导销是否可以自由移动,并检查导销护套的状况	5	操作不当扣5分	
11	拆下并报废制动钳托架螺栓	5	操作不当扣5分	
12	将制动钳托架从转向节上拆下	5	操作不当扣5分	
13	检查制动钳托架	5	操作不当扣5分	
14	拆下制动盘螺钉	5	操作不当扣5分	
15	将制动盘从轮毂上拆下	5	操作不当扣5分	
16	拆下轮速传感器螺栓	5	操作不当扣5分	
17	拆下轮速传感器	5	操作不当扣5分	
18	拆下并报废车轮轴承轮毂安装螺栓	5	操作不当扣5分	
19	将车轮轴承轮毂和制动器防溅罩从转向节上拆下	5	操作不当扣5分	
20	作业前后整理工作及相关安全操作规范	5	操作不当扣5分	
分数合计		100		

(2)安装流程实训评分表见表16-2。

实训评分表(二) 表16-2

序号	考核项目	满分	评分标准	得分
1	安装前相关准备工作	5	酌情扣分	
2	将前制动器防溅罩和车轮轴承轮毂总成置于转向节上	5	操作不当扣5分	
3	将轴承轮毂螺栓紧固至90N·m,然后再紧固60°~75°	5	操作不当扣5分	
4	将轮速传感器线束安装至转向节	5	操作不当扣5分	
5	安装轮速传感器	5	操作不当扣5分	
6	安装轮速传感器螺栓并紧固至6N·m	5	操作不当扣5分	
7	安装前制动盘	5	操作不当扣5分	
8	将制动钳托架安装至转向节	5	操作不当扣5分	
9	安装新的制动钳托架螺栓	5	操作不当扣5分	
10	仅在制动钳托架的制动摩擦片构件接合面处涂抹一层薄薄的高温硅制动润滑剂	5	操作不当扣5分	

续上表

序号	考 核 项 目	满分	评 分 标 准	得分
11	安装制动摩擦片固定弹簧	5	操作不当扣5分	
12	将制动摩擦片固定件安装至制动钳托架上	5	操作不当扣5分	
13	拆下支架并将制动钳重新放置越过制动摩擦片至制动钳托架	5	操作不当扣5分	
14	安装导销螺栓,并紧固至28N·m	5	操作不当扣5分	
15	安装轮胎和车轮总成	5	操作不当扣5分	
16	降下车辆	5	操作不当扣5分	
17	关闭发动机,逐渐踩下制动踏板至其行程约三分之二直至制动踏板坚实	5	操作不当扣5分	
18	加注主缸辅助储液罐至适当液位	5	操作不当扣5分	
19	作业后整理工位	5	酌情扣分	
20	遵守相关安全操作规范	5	因违规操作造成人员和设备事故的,总分按0分计	
分数合计		100		

实训17　鼓式制动器的拆装

一　实训目标

(1)熟悉鼓式制动器各零件的名称、结构、安装位置和作用。

(2)掌握正确拆装鼓式制动器的方法。

二　实训内容

1. 制动器的组成

鼓式制动器的拆卸实物图如图17-1所示。

图17-1　鼓式制动器

2. 实训任务

按照维修手册的规范要求对车辆的鼓式制动器的各个部件和总成进行拆装，通过拆装学会鼓式制动器易损件的更换方法。

三 实训器材

(1)举升工位 4 个。

(2)雪佛兰科鲁兹车辆 4 台。

(3)拆装工具 4 套。

四 实训要求与注意事项

(1)在操作开始前，检查所有的设备并备齐工具。

(2)在操作前，拆除车辆的两个前轮。

(3)举升车辆到适合拆装制动器的高度。

(4)按维修手册要求规范拆装鼓式制动器。

五 教学组织

1. 教学组织形式

本课程为“小班化”实训课，实训教师 1 名，学生 24 名，实训室共有 4 个实训工位，按照 6 人一个工位编组。

2. 实训教师职责

通过 PPT 展示、微课视频播放等教学手段，讲解实训任务的操作步骤和相关注意事项；组织学生进行分组学习；巡视、检查、指导和纠正学生操作中的错误；组织学生做好 5S 管理。

3. 学生职责

观看 PPT 课件和微课视频；完成教师布置的学习任务；做好 5S 管理工作。

六 操作流程

1. 鼓式制动器的拆卸

(1)检查驻车制动器，以确保驻车制动器已完全释放。

(2)举升并顶起车辆。拆下后轮胎和车轮总成。

(3)拆下制动鼓螺钉，拆下制动鼓，如图 17-2 所示。

(4)清洁轮毂凸缘。

(5)拆下调节弹簧。将调节器弹簧弯钩端与调节器执行器杆上的凸舌分离，然后释放制动蹄辐板孔上的弹簧，如图 17-3 所示。

(6)将调节器执行器杆与调节器总成分离，拆下调节器总成，如图 17-4 所示。

(7)拆下制动蹄弹簧，拧动弹簧帽，如图 17-5 所示。

(8)拆下制动蹄，将下弹簧从前制动蹄上拆下，将驻车拉索从驻车制动杆上拆下。图 17-6 所示为拆卸下来的制动蹄。

图 17-2　拆下制动鼓

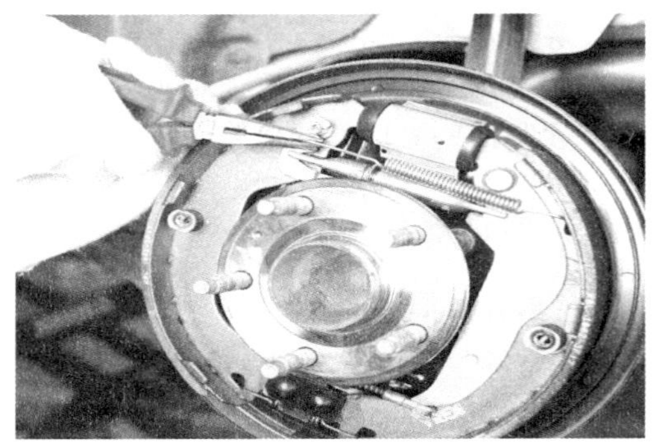

图 17-3　拆下调节弹簧

图 17-4　分离调节器执行器杆与总成

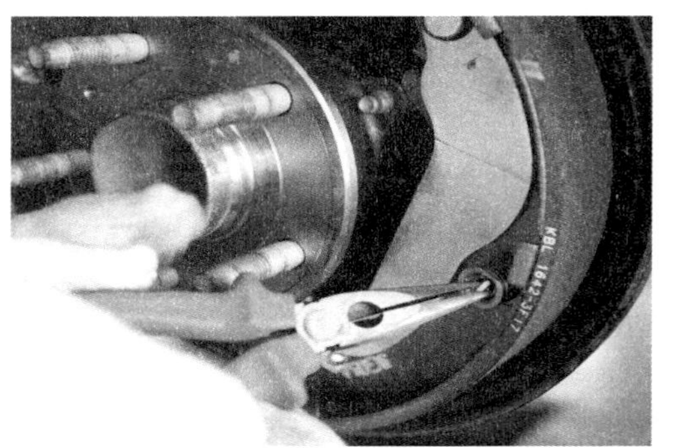

图 17-5　拆下制动蹄弹簧

2. 鼓式制动器的安装

(1)将调节器总成安装至调节器执行器杆,如图 17-7 所示。

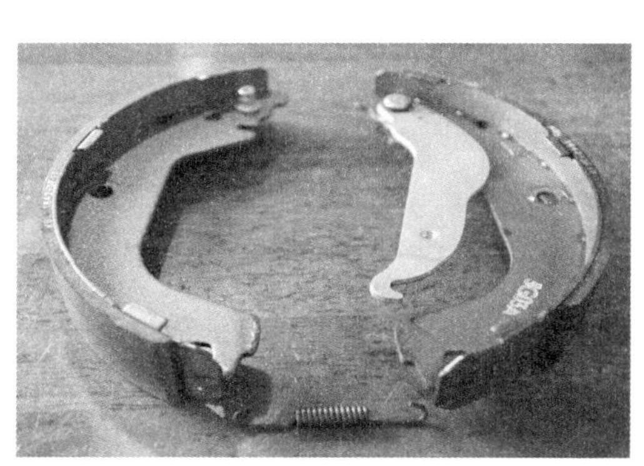

图 17-6　制动蹄

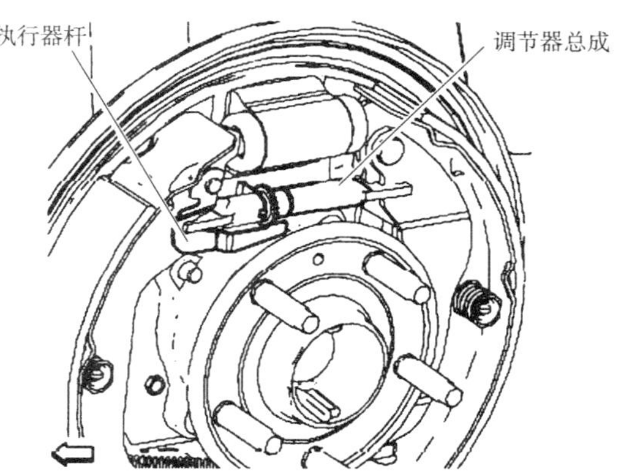

图 17-7　安装调节器总成与调节器执行器杆

(2)尽可能地旋转调节器。

(3)将驻车拉索安装至驻车制动杆上。将下弹簧安装至前制动蹄,安装制动蹄,如图 17-8所示。

(4)安装制动蹄弹簧,拧动弹簧帽,如图 17-9 所示。

(5)安装调节弹簧,确保弹簧上的搭扣与执行器杆上的凸舌充分接合,如图 17-10 所示。

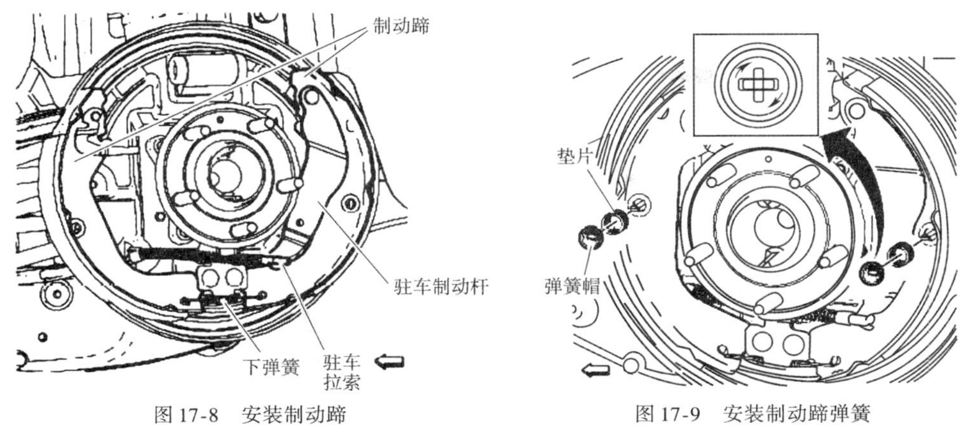

图 17-8 安装制动蹄

图 17-9 安装制动蹄弹簧

(6)安装制动鼓。

(7)安装鼓式制动器螺钉,并紧固至 7N · m,如图 17-11 所示。

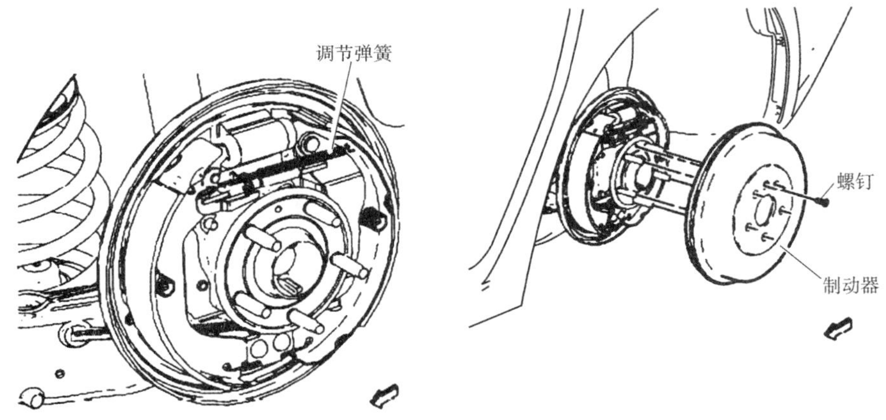

图 17-10 安装调节弹簧

图 17-11 安装制动器螺钉

(8)安装轮胎和车轮总成。

(9)降下车辆,踩下制动器踏板约 3 次,以便安装和对中制动鼓中的制动蹄。

七 评分标准

实训评分表见表 17-1。

实 训 评 分 表 表 17-1

序号	考核项目	满分	评分标准	得分
1	检查驻车制动器,以确保驻车制动器已完全释放	5	操作不当扣 5 分	
2	举升并顶起车辆,拆下后轮胎和车轮总成	5	操作不当扣 5 分	
3	拆下制动鼓螺钉,拆下制动鼓	5	操作不当扣 5 分	
4	清洁轮毂凸缘	5	操作不当扣 5 分	
5	拆下调节弹簧	5	操作不当扣 5 分	

续上表

序号	考核项目	满分	评分标准	得分
6	将调节器执行器与调节器总成分离	5	操作不当扣5分	
7	拆下制动蹄弹簧,拧动弹簧帽	5	操作不当扣5分	
8	拆下制动蹄	5	操作不当扣5分	
9	将调节器总成安装至调节器执行器杆上	5	操作不当扣5分	
10	尽可能旋转调节器	5	操作不当扣5分	
11	将驻车拉索安装至驻车制动杆上	10	操作不当扣10	
12	安装制动蹄弹簧,拧动弹簧帽	5	操作不当扣5分	
13	安装调节弹簧,确保弹簧上的搭扣与执行器杆上的凸舌充分接合	5	操作不当扣5分	
14	安装制动鼓	5	操作不当扣5分	
15	安装鼓式制动器螺钉,并坚固至7N·m	5	操作不当扣5分	
16	安装轮胎和车轮总成	5	操作不当扣5分	
17	降下车辆,踩下制动器踏板约3次,以便安装和对中制动鼓中的制动蹄	5	操作不当扣5分	
18	作业前后整理工作及相关安全操作规范	10	操作不当扣10	
分数合计		100		

实训18　制动主缸的更换

一　实训目标

(1)掌握制动主缸的结构、作用和工作原理。

(2)掌握正确拆装制动主缸的方法。

二　实训内容

1. 制动传动装置的主要部件

如图18-1所示液压式制动传动装置主要由制动踏板、制动主缸、制动轮缸、储液罐、油管等组成。制动时,驾驶人踩下制动踏板,使制动主缸的活塞前移,将油液自制动主缸中压出并经油管同时分别进入前后各制动轮缸内,使制动轮缸活塞向外移动,从而将制动蹄压靠到制动鼓上,使汽车产生制动力。

2. 制动传动装置的作用

汽车制动传动装置的功用是将驾驶人或其他动力源的作用力传到制动器,从而控制制动器的工作,以获得所需要的制动力矩。制动传动装置按传力介质的不同可分为机械式、液压式和气压式;按制动管路套数,可分为单管路和双管路制动传动装置。在轿车上的行车制动装置基本上采用液压式双管路制动传动装置。

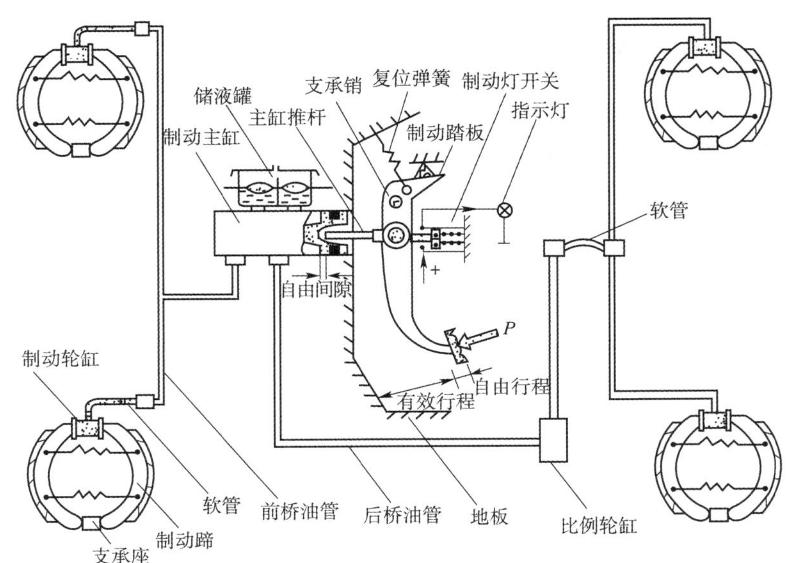

图 18-1 液压式制动传动装置的组成

3. 制动主缸

如图 18-2 所示,制动主缸的作用是将制动踏板输入的机械能转换成液压能。制动主缸的类型主要有与储液室铸成一体,也有两者分制而装合在一起或用油管连接。按相关法规的要求,当代汽车的行车制动装置都必须采用双管路制动传动装置,因此,液压制动装置都必须采用串列双腔式制动主缸。

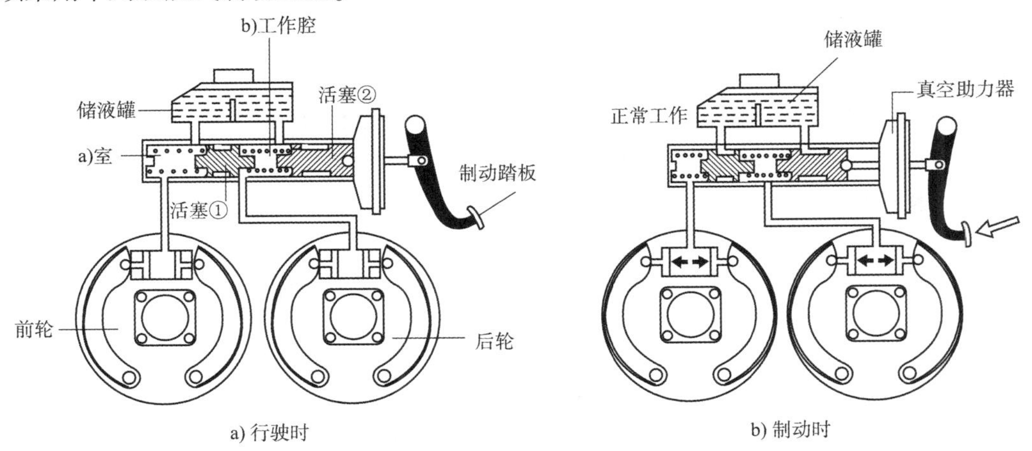

a) 行驶时　b) 制动时

图 18-2 制动主缸

当踩下制动踏板时,真空助力器推动第一活塞左移,直至皮碗盖住补偿孔后,右工作腔中液压升高,油液一方面通过腔内出油口进入右前和左后制动管路,一方面又推动第二活塞左移。在右腔液压和第一活塞复位弹簧的作用下,第二活塞向左移动,左腔压力也随之提高,油液通过腔内油口进入右后和左前制动管路。当继续踩下制动踏板时,左、右腔的液压继续提高,使前、后制动器制动。

解除制动时,活塞在复位弹簧作用下复位,高压油液自制动管路流回制动主缸。如活塞复位过快,工作腔容积迅速增大,油压迅速降低,制动管路中的油液受管路阻力的影响,来不及充分流回工作腔,使工作腔中形成一定的真空度,在此真空度的作用下,储液室中的油液便经进油孔和活塞上的轴向小孔推开垫片及皮碗进入工作腔,以消除该真空现象。当活塞完全复位时,补偿孔开放,制动管路中流回工作腔的多余油液经补偿孔流回储液室。

4. 实训任务

按照维修手册的要求,拆装车辆上的制动主缸。并通过拆装掌握制动主缸的结构和工作原理。

三 实训器材

(1)举升工位4个。

(2)别克威朗车辆4台。

(3)车辆防护三件套4套。

(4)常用汽车维修工具4套。

四 实训要求与注意事项

(1)在操作开始前,检查所有的设备并备齐工具。

(2)安装车轮挡块时,可以用举升机顶起部分车轮。

(3)三件套和翼子板布、前格栅布的安装方法要正确。

(4)实训过程要符合车辆维修的操作规程。

五 教学组织

1. 教学组织形式

本课程为“小班化”实训课,实训教师1名,学生24名,实训室共有4个实训工位,按照6人一个工位编组。

2. 实训教师职责

通过PPT课件展示、教学视频播放等教学手段,并结合讲解实训任务的操作步骤和相关注意事项;组织学生进行分组事项;巡视、检查、指导和纠正学生操作中的错误;课堂总结;组织学生做好5S管理。

3. 学生职责

认真观看PPT课件和教学视频;完成教师布置的任务;做好课后的清洁、整理等5S管理工作。

六 操作步骤

1. 拆卸步骤

(1)断开蓄电池负极电缆。

(2)拆卸仪表板上加长板开口盖。

(3)拆卸散热器缓冲罐卡夹,如图18-3所示。不可断开发动机冷却液软管,移开散热器缓冲罐。

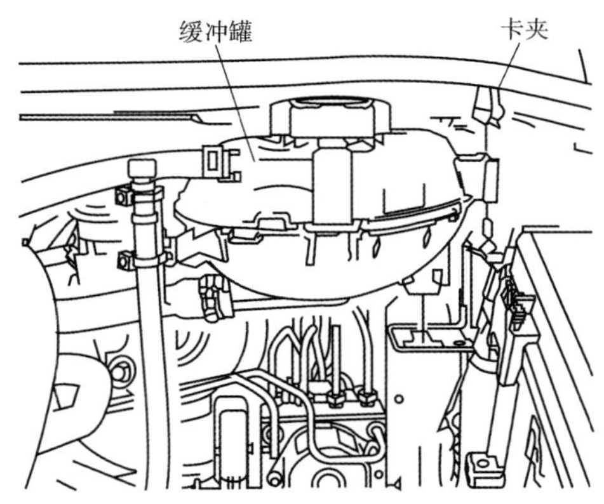

图 18-3 拆卸卡夹

(4)将制动液液位指示灯开关塞从制动液液位指示灯开关上断开。将制动液回流软管从制动液储液罐上拆下,如图 18-4 所示。

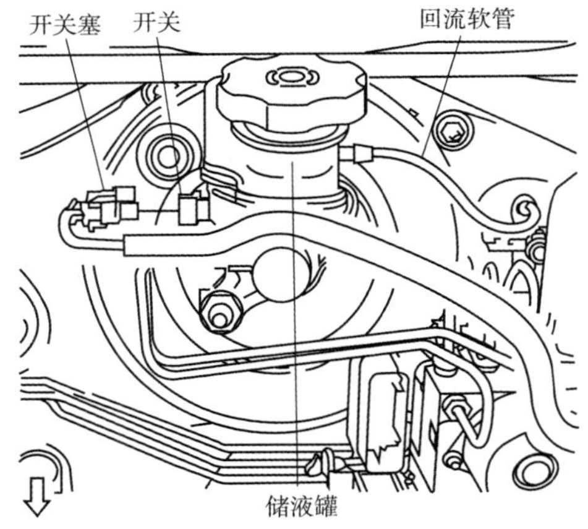

图 18-4 断开指示灯开关塞并拆下制动液回流软管

(5)从制动主缸上拆下制动压力调节阀副管,从制动主缸上拆下制动压力调节阀主管,如图 18-5 所示。注意拆下管路后应注意保护,阻塞制动主缸出口和制动压力调节器进口以防止制动液流失和污染。

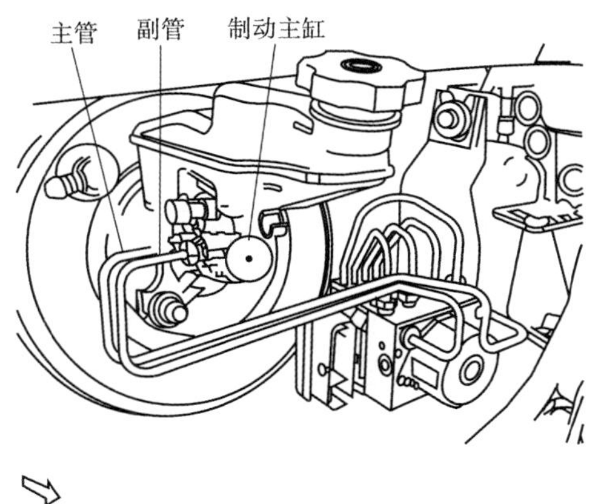

图 18-5 拆下调节阀副管与主管

(6)将 2 个制动主缸螺母从制动主缸上拆下并报废,如图 18-6 所示。

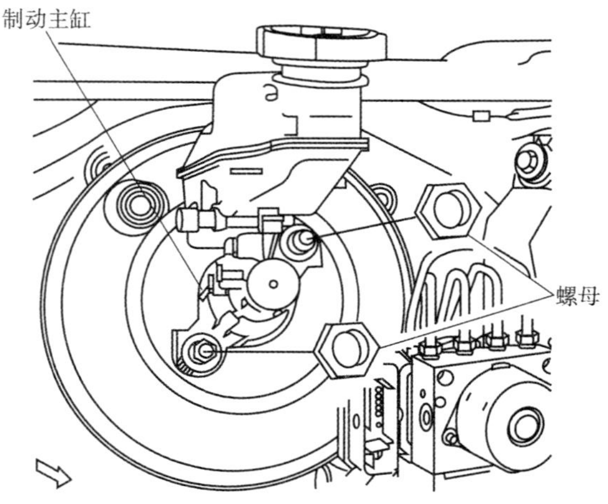

图 18-6　拆下制动主缸螺母

(7)将制动主缸和主缸储液罐从电动制动助力器上拆下。

(8)将主缸储液罐从主缸上拆下,如图 18-7 所示。

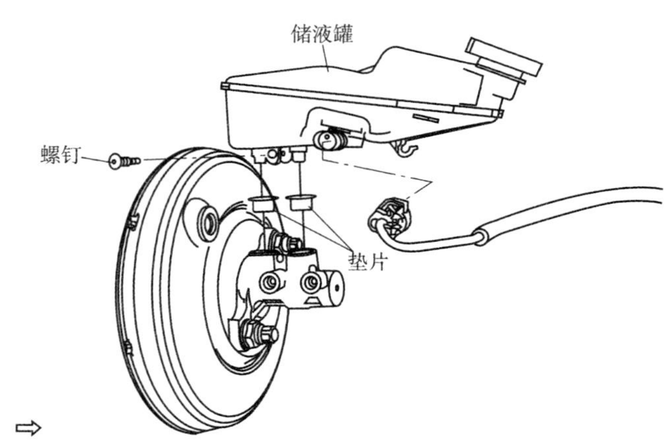

图 18-7　拆下储液罐

2. 安装步骤

(1)将制动主缸储液罐安装至制动主缸。

(2)将制动主缸和制动主缸储液罐安装至电动制动助力器,如图 18-8 所示。

(3)将 2 个新的制动主缸螺母安装至主缸,并紧固至 25N · m,如图 18-8 所示。

(4)将制动压力调节阀主管安装至制动主缸。将制动压力调节阀主管接头紧固至 20N · m。将制动压力调节阀副管安装至制动主缸,将制动压力调节阀副管接头紧固至 20N · m,如图 18-9 所示。

(5)将制动液液位指示灯开关塞连接至制动液液位指示灯开关上。将制动液回流软管安装至制动液储液罐,如图 18-10 所示。

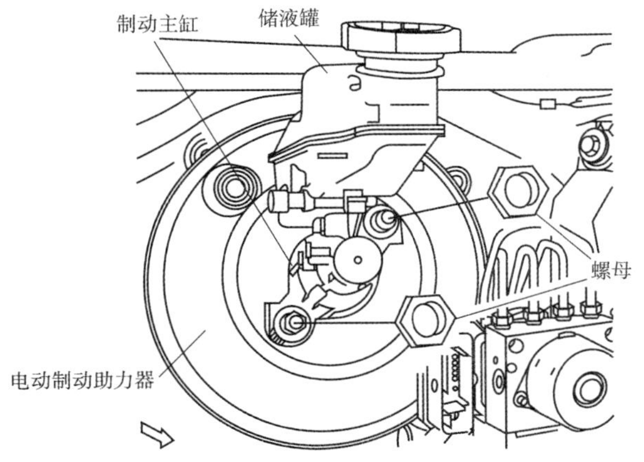

图 18-8 安装制动主缸和储液罐

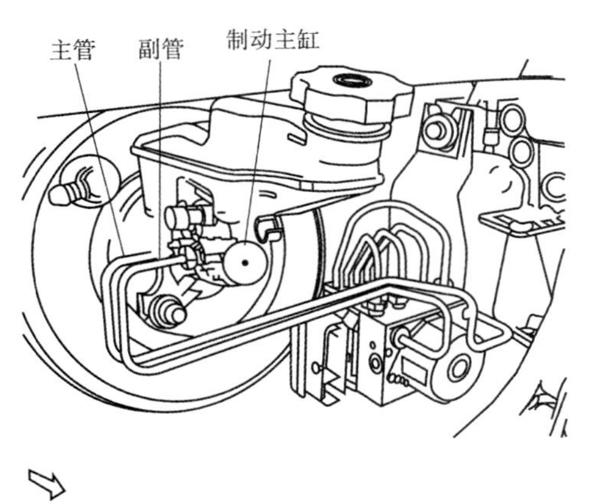

图 18-9 安装主管和副管

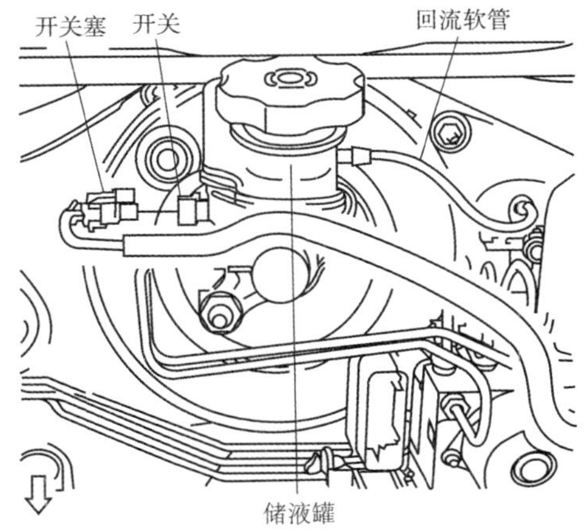

图 18-10 安装回流软管和指示灯开关塞

(6)安装散热器缓冲罐,安装散热器缓冲罐卡夹,如图 18-11 所示。

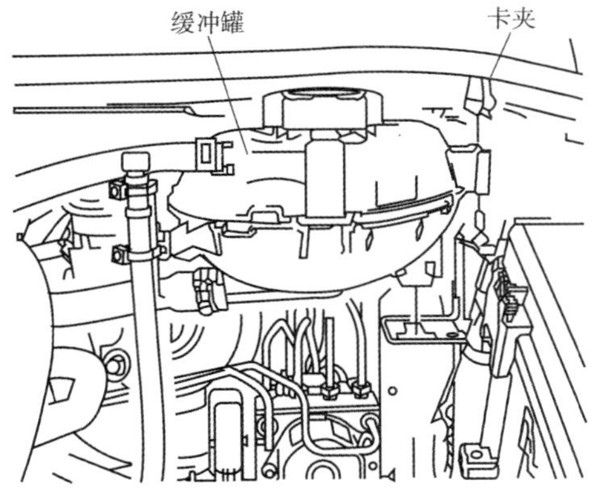

图 18-11 安装卡夹

(7)安装仪表板加长板开口盖。

(8)连接蓄电池负板电缆。

(9)给制动系统放气。

七 评分标准

实训评分表见表18-1。

实训评分表 表18-1

序号	考核项目	满分	评分标准	得分
1	作业前整理工位	5	酌情扣分	
2	断开蓄电池负极电缆	5	操作不当扣5分	
3	拆卸仪表板上加长板开口盖。拆卸散热器缓冲罐卡夹,移开散热器缓冲罐	5	操作不当扣5分	
4	将制动液液位指示灯开关塞从制动液液位指示灯开关上断开。将制动液回流软管从制动液储液罐上拆下	5	操作不当扣5分	
5	从制动主缸上拆下制动压力调节阀副管,从制动主缸上拆下制动压力调节阀主管	10	操作不当扣10分	
6	将2个制动主缸螺母从制动主缸上拆下并报废	5	操作不当扣5分	
7	将制动主缸和主缸储液罐从电动制动助力器上拆下	5	操作不当扣5分	
8	将主缸储液罐从主缸上拆下	5	操作不当扣5分	
9	将制动主缸储液罐安装至制动主缸	5	操作不当扣5分	
10	将制动主缸和制动主缸储液罐安装至电动制动助力器	5	操作不当扣5分	
11	将2个新的制动主缸螺母安装至主缸,并紧固至25N·m	5	操作不当扣5分	
12	将制动压力调节阀主管安装至制动主缸。将制动压力调节阀主管接头紧固至20N·m。将制动压力调节阀副管安装至制动主缸,将制动压力调节阀副管接头紧固至20N·m	10	操作不当扣10分	
13	将制动液液位指示灯开关塞连接至制动液液位指示灯开关上。将制动液回流软管安装至制动液储液罐	5	操作不当扣5分	
14	安装散热器缓冲罐,安装散热器缓冲罐卡夹	5	操作不当扣5分	
15	安装仪表板加长板开口盖	5	操作不当扣5分	
16	连接蓄电池负板电缆	5	操作不当扣5分	
17	给制动系统放气	5	操作不当扣5分	
18	作业后整理工位	5	酌情扣分	
19	遵守相关安全规范	因违规操作造成人员和设备事故的,总分按0分计		
分数合计		100		

实训19 液压制动系统排气

一 实训目标

(1)掌握汽车制动液作用、类型及使用注意事项。

(2)掌握液压制动系统排气的方法。

二 实训内容

1. 汽车制动液

如图19-1所示,汽车制动液是液压制动系统中传递制动压力的液态介质,使用在采用液压制动系统的车辆中。制动液又称刹车油,是制动系统制动不可缺少的部分,而在制动系统之中,它是作为一个力传递的介质,因为液体是不能被压缩的,所以从制动主缸输出的压力会通过制动液直接传递至制动轮缸之中。

(1)汽车制动液的类型。

制动液有三种类型。

蓖麻油-醇型:由45%~55%的精制蓖麻油和55%~45%的低碳醇(乙醇或丁醇)调配而成,经沉淀获得无色或浅黄色清澈透明的液体,即醇型汽车制动液。

图19-1 汽车制动液

合成型:用醚、醇、酯等掺入润滑、抗氧化、防锈、抗橡胶溶胀等添加剂制成。

矿油型:用精制的轻柴油馏分加入稠化剂和其他添加剂制成。

(2)制动液的性能指标。

制动液优劣直接关系制动的可靠程度,因此制动液的选购事关驾驶人与乘员生命安全,绝不可掉以轻心。

合格达标的制动液有几个特性:在高温、严寒、高速、湿热等工况条件下保证灵活传递制动力;对制动系统的金属和非金属材料没有腐蚀性;能够有效润滑制动系统的运动部件,延长制动轮缸和皮碗的使用寿命。

所以对制动液的性能要求是:黏温性好,凝固点低,低温流动性好;沸点高,高温下不产生气阻;使用过程中品质变化小,并不引起金属件和橡胶件的腐蚀和变质。

(3)汽车制动液的选用。

尽可能购买长期为汽车厂提供配套制动液的生产厂家的产品,确保质量可靠,性能稳定;尽量到资质合格的大型销售场所购买,以防伪劣产品;最好使用专业设备进行更换,这样才更彻底,不至于残留杂质,同时避免出现气阻。在种类选择上,最好考虑选合成制动液,不要购买已淘汰的醇型制动液。制动液具有吸水特性,会出现沸点降低、污染及不同程度的氧化变质,长时间不更换会腐蚀制动系统,给行车带来隐患。建议制动液一般两年或者4万km必须更换一次。制动液级别越高越好,制动液级别越高,安全保障性越好。一般情况下,微型、中低档汽车适宜选取符合 HZY3 标准的制动液,而中高档车建议选择 HZY4 标准的制动液。当然,微型、中低档汽车选择 HZY4 也没有任何问题,而且更好。

(4)使用注意事项。

汽车制动液需按汽车使用手册要求更换,一般每两年更换一次。使用时需注意以下几点。

①不同类型和不同品牌的制动液不要混合使用。由于配方不同,混合制动液会造成制动液性指标下降。

②制动液吸入水分或有杂质时,应及时更换或过滤,否则会造成制动压力不足,影响制动效果。由于华南天气总体较为潮湿,这点尤为重要。

③车辆正常行驶 4 万 km 或制动液连续使用超过 2 年,制动液很容易由于使用时间长而变质,要及时更换。

④车辆制动出现跑偏时,这时应选择质量比较好的制动液进行更换,同时更换皮碗。

2. 汽车制动液的检测

对于维修企业来说,一方面需要严格按照 2 年的更换周期提醒车主及时更换制动液,另一方面,对于那些一定要“视情换油”的客户,则需要采用正确的方法鉴别制动液。制动液并不是那种使用到一种程度就能用肉眼看到明显恶化的液体,陈旧的制动液有时候也会有制动效果,但有的时候根本就不能起作用。一般来说,制动液是由乙二醇和其他各种防腐蚀的添加液组成,由于乙二醇在长期使用中会吸收空气中的水分,这样就会降低它原本较高的沸点。当其沸点降到只比水的沸点稍高一些的时候,制动液已经严重失效,在特定的行驶状况下制动系统很容易失灵。鉴定制动液能否继续使用,如果采用传统的根据颜色、味道和手感来判别的方法,远远不能满足实际需要。正确的方法是,使用专用工具如图 19-2 所示,通过检测制动液的含水量和沸点,对制动液进行定性或定量分析。

图 19-2　制动液检测笔

新的制动液具有较高的沸点,一般在 260℃ 左右。而造成制动液吸水的原因很多,比如炎热的天气、制动系统使用的频繁程度、制动系统的设计类型、制动系统部件的质量状况、车辆行驶路况以及制动液的类型等。只要被吸入的水分达到 2.5%,就需要更换新的制动液了。因此检测含水量或者制动液的沸点,是确定制动液是否需要更换的比较有效的方法。

鉴定工具如下:

(1)用于定性分析含水量的制动液快速探测笔。

制动液快速探测笔上有 3 个 LED 灯,分别为绿色、黄色和红色。使用方法非常简单,只要在管内吸入制动液,根据笔上 LED 灯的显示情况,就可以快速定性判断制动液的含水量。绿色 LED 灯说明制动液含水量低,制动液合格;黄色 LED 灯说明制动液含水量一般,可以继续使用,不过 6 个月以后需要再检测一次;红色 LED 灯说明制动液含水量较高,制动液不能继续使用,需要及时更换。

(2)用于定量分析含水量的制动液检测仪。

如果知道了制动液的含水量,并且知道该制动液的类型和制造商,那么就可以根据技术资料来找出制动液的沸点，从而确定制动液能否继续使用。在实际应用中，一般参照如下标准判断制动液性能：含水量低于0.5%说明制动液正常；含水量在0.5%～2.5%，制动液可换也可不换；含水量大于2.5%，制动液必须更换。

(3)用于测试沸点的制动液安全检测仪。

通过测试沸点来判定制动液的性能，过去只能在实验室通过特定的设备才能做得到。制动液安全测试仪显示的沸点读数和规格是非常清晰和准确的，可以一目了然地知道被测试的制动液是否符合标准。

制动液安全检测仪的使用方法并不复杂，只要将探头插入制动液储液罐中，接上电源并按下开关，制动液就会被加热到沸点，此时温度就会被精确的电子温度计记录下来，并显示在屏幕上。维修人员可以快速方便地判定制动液是不是需要更换，或者是否在汽车制造商规定制动液测试标准范围内。测试数据可以储存并能继续保留在显示屏上，以便展示给车主看。

3. 实训任务

按维修手册要求进行更换汽车制动液后的制动系统排气。

三 实训器材

(1)举升工位4个。

(2)别克威朗车辆4台。

(3)车辆防护三件套4套。

(4)汽车制动液更换工具及耗材4套。

四 实训要求与注意事项

(1)在操作开始前，检查所有的设备并备齐工具。

(2)用举升机顶起车辆至合适高度。

(3)三件套和翼子板布、前格栅布的安装方法要正确。

(4)需两人配合操作。

(5)实训过程要符合车辆维修的操作规程。

五 教学组织

1. 教学组织形式

本课程为“小班化”实训课，实训教师1名，学生24名，实训室共有4个实训工位，按照6人一个工位编组。

2. 实训教师职责

通过PPT课件展示、教学视频播放等教学手段，并结合讲解实训任务的操作步骤和相关注意事项；组织学生进行分组事项；巡视、检查、指导和纠正学生操作中的错误；课堂总结；组织学生做好5S管理。

3. 学生职责

认真观看PPT课件和教学视频；完成教师布置的任务；做好课后的清洁、整理等5S管理工作。

六 操作步骤

向制动液储液罐或离合器储液罐中添加制动液时,仅使用清洁、密封容器中的DOT-4制动液。这种聚乙二醇制动液吸湿且吸潮,请勿使用开口容器中可能受水污染的制动液。不正确或受污染的油液可能会导致系统部件的损坏。

(1)拆下前围板上加长板开口盖。将清洁的抹布放在制动主缸下方,以防止制动液溢出。

(2)当点火开关置于OFF位置且制动器处于冷态时,踩下制动踏板3~5次,直至制动踏板力明显增大,以耗尽制动助力器储备的能量。

(3)如果从主缸上断开了制动管,或从比例阀总成或制动主缸上断开了制动器,完成下面的操作。

确保制动主缸储液罐已被加注至最满位置。必要时,从清洁、密封的制动液容器中添加新的制动液。在制动管牢固地安装至主缸、制动压力调节阀时,从部件的孔口松开制动管之一并将其拆下。让少量制动液在重力作用下从部件开口处流出。将制动管重新连接至部件孔口并牢固紧固。让助手缓慢地将制动踏板踩至底,并在踏板上保持稳定的压力。松开该制动管,以便从部件打开的孔口处排出空气。紧固制动管,然后让助手缓慢地松开制动踏板。等待15s,然后重复以上步骤,直到从主缸的同一端口排出所有空气。在前制动管牢固安装到主缸、比例阀总成或制动调制器总成时,在所有的空气从部件的第一个孔口排出后,从部件上松开下一个制动管并将其拆下,然后重复上面的步骤,直到部件的每个孔口都已排气。

(4)用存放在清洁的、密封的制动液容器中的制动液,加注制动主缸储液罐至最满位置。

(5)拆下制动主缸储液罐盖。将专用工具适配器安装至制动储液罐,如图19-3所示。检查传统制动器压力排气器中的制动液液位。如有必要,加注清洁的、密封的制动液容器中的新制动液,使液位大约达到半满位置。将传统制动器压力放气装置连接至专用工具适配器。

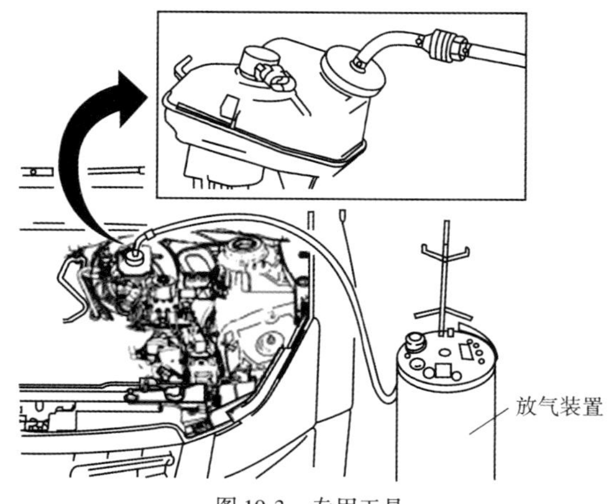

图19-3 专用工具

(6)将制动器压力排气器气罐中压至175~205kPa。

(7)打开传统制动器压力排气器阀门,使加压的制动液流入制动系统。

(8)等待30s,然后检查整个液压制动系统,确保不存在制动液外部泄漏。

(9)将合适的方头扳手安装至右后轮车轮液压回路放气阀上。

(10)将一根透明软管安装至放气阀端部上方。

(11)将透明软管的开口端浸入透明容器中,该容器部分加注了来自清洁的、密封的制动液容中新的制动液。

(12)松开放气阀,排出车轮液压回路中的空气。让制动液流动,直到放气装置不再放出气泡,然后拧紧放气阀。

(13)牢牢紧固右后轮液压回路放气阀,从右后液压回路中放出所有空气后,将适当的方头扳手安装至左前轮液压回路放气阀上。

(14)将透明软管安装至放气阀端,然后重复放气步骤。

(15)紧固左前车轮液压回路放气阀,从左前液压回路中放出所有的空气后,将扳手安装到左后车轮液压回路放气阀上。

(16)将透明软管安装至放气阀端,然后重复放气步骤。

(17)紧固左后轮液压回路放气阀,从左后液压回路中放出所有空气后,将扳手安装到右前车轮液压回路放气阀上。

(18)将透明软管安装至放气阀上,然后重复放气步骤。

(19)在完成最后一个车轮液压回路放气程序后,确保4个车轮液压回路放气阀都被正确紧固。

(20)关闭传统制动器压力放气阀装置储液罐阀,然后将放气装置从放气装置适配器上拆下断开。

(21)将适配器从制动主缸储液罐上拆下。

(22)安装制动主缸储液罐盖。

(23)用存放的清洁的、密封的制动液容器中的新制动液,加注制动主缸储液罐至最满位置。

(24)缓慢地踩下并松开制动踏板,注意制动踏板感觉。如果制动踏板感觉绵软,检查制动系统是否存在外部泄漏。

(25)在发动机关闭的情况下,将点火开关置于ON位置,检查制动系统警告灯应处于熄灭状态。

(26)安装前围板上加长板开口盖,完成液压制动系统排气。

七 评分标准

实训评分表见表19-1。

实训评分表 表19-1

序号	考核项目	满分	评分标准	得分
1	作业前整理工位	5	酌情扣分	
2	拆下前围板上加长板开口盖	5	操作不当扣5分	
3	点火开关置于OFF,踩下制动踏板3~5次	5	操作不当扣5分	
4	给比例阀总成或制动主缸排气	5	操作不当扣5分	

续上表

序号	考核项目	满分	评分标准	得分
5	加注制动主缸储液罐至最满位置	5	操作不当扣5分	
6	将专用工具适配器安装至制动储液罐	5	操作不当扣5分	
7	将制动器压力排气器气罐中压至175～205kPa	5	操作不当扣5分	
8	打开传统制动器压力排气器阀门	5	操作不当扣5分	
9	检查整个液压制动系统,确保无外部泄漏	5	操作不当扣5分	
10	将方头扳手安装至右后轮车轮液压回路放气阀上	5	操作不当扣5分	
11	将一根透明软管安装至放气阀端部上方	5	操作不当扣5分	
12	将透明软管的开口端浸入透明容器中	5	操作不当扣5分	
13	松开放气阀,排出车轮液压回路中的空气	5	操作不当扣5分	
14	完成左前车轮液压回路、左后车轮液压回路、右前车轮液压回路排气	5	操作不当扣5分	
15	拆下传统制动器压力放气阀装置储液罐阀	5	操作不当扣5分	
16	拆下适配器,安装制动主缸储液罐盖	5	操作不当扣5分	
17	加注制动主缸储液罐至最满位置	5	操作不当扣5分	
18	缓慢地踩下并松开制动踏板,注意感觉。点火开关置于ON位置,检查制动系统警告灯应处于熄灭状态	5	操作不当扣5分	
19	安装前围板上加长板开口盖,完成液压制动系统排气	5	操作不当扣5分	
20	作业后整理工位	5	酌情扣分	
21	遵守相关安全规范	因违规操作造成人员和设备事故的,总分按0分计		
分数合计		100		

实训20　电动制动助力器的更换

一　实训目标

(1)掌握制动助力器的结构和工作原理。

(2)掌握制动助力器的更换方法。

二　实训内容

1. 真空助和装置

在普通的液压制动系统中,加装真空加力装置,可以减轻驾驶人施加于制动踏板上的力,增加车轮制动力,达到操纵轻便、制动可靠的目的。真空加力装置是利用发动机工作时在进气管中形成的真空度(或利用真空泵)为动力源的动力制动传动装置。它可分为增压式和助力式两种形式:增压式是通过增压器将制动主缸的液压进一步增加,增压器装在制动主缸之后;助力式是通过助力器来帮助制动踏板对制动主缸产生推力,助力器装在制动踏板与制动主缸之间。轿车上一般采用助力式真空加力装置。

如图 20-1 所示,其内部有薄而宽的活塞,通过固定在活塞上的膜片将空气室和负压室隔离。负压室和发动机进气管相通。复位弹簧安装在负压室的推杆上和推杆一起运动。橡胶阀门与在膜片座上加工出来的阀座组成真空阀,与控制阀柱塞的大气阀座组成大气阀。真空阀将负压室与空气室相连,空气阀将空气室与外界空气相连。发动机不工作时真空助力器不工作。

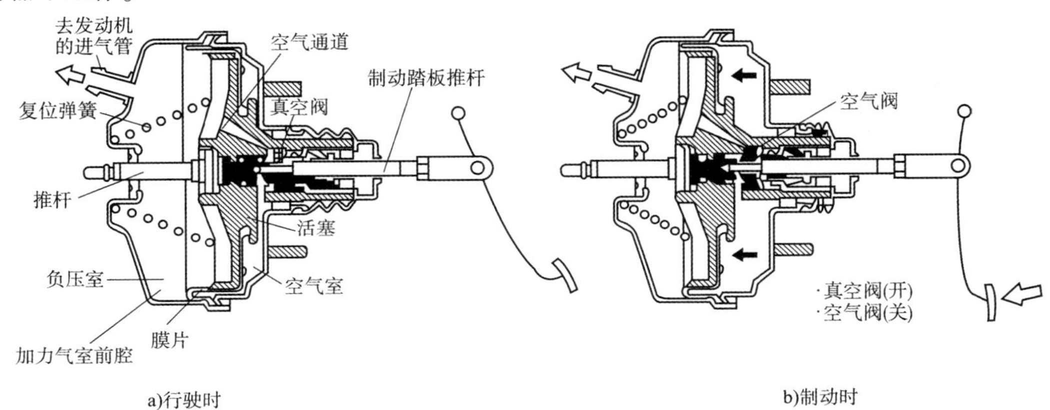

图 20-1 真空助力器的结构与工作原理

如图 20-1a)所示,负压室内的空气被吸时发动机进气管,产生负压。如图 20-1b)所示,踩下制动踏板,真空阀关闭,空气阀打开。空气进入空气室,使空气室压力大于负压室压力,活塞向前运动。于是带动制动主缸的活塞运动,产生制动油压。

松开制动踏板,助力器活塞在复位弹簧的作用下恢复到原来的位置,制动踏板推杆也往回运动,空气阀关闭,真空阀打开,使真空室与空气室相通。其他制动机构也恢复到原来的位置,制动油压下降,制动解除。

当真空助力器或真空源失效时,作用于主缸推杆上的力取决于驾驶人对制动踏板施加的踏板力,但这时踏板力要比真空助力器或真空源未失效时的力大得多。

2. 实训任务

按照维修手册要求,更换汽车电动制动助力器。

三 实训器材

(1)举升工位 4 个。

(2)科鲁兹车辆 4 台。

(3)手套、手电筒等 4 份。

(4)拆装用工具 4 套。

四 实训要求与注意事项

(1)在操作开始前,先将车辆平稳停放在实训工位。

(2)注意防止高温部件烫伤身体。

(3)实训过程要符合车辆维修的操作规程。

五 教学组织

1. 教学组织形式

本课程为“小班化”实训课,实训教师 1 名,学生 24 名,实训室共 4 个实训工位,按照 6 人一组工位编组。

2. 实训教师职责

通过 PPT 展示,教学视频播放等信息化教学手段,结合教师讲解,实施实训教学内容;组织学生分组,巡视、检查、指导和纠正学生操作过程中的错误;实训结束进行课堂总结;组织学生做好 5S 管理工作。

3. 学生职责

认真观看 PPT 课件和教学视频,完成教师布置的任务,课后做好清洁、整理等 5S 管理工作。

六 操作步骤

1. 拆卸步骤

(1)将点火开关置于 OFF(关闭)位置,断开蓄电池负极电缆。

(2)拆下发动机控制模块和电子制动控制模块托架。

(3)不断开制动器储液罐,将制动主缸从电动制动助力器上拆下。

(4)将电动制动助力器真空传感器从电动制动助力器上拆下。

(5)拆下电动制动助力器真空止回阀,如图 20-2 所示。

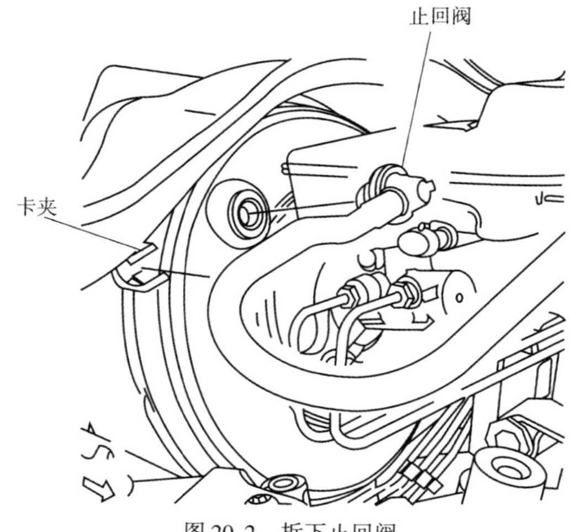

图 20-2 拆下止回阀

(6)断开 4 个制动压力调节阀接头,如图 20-3 所示。

(7)拆下制动压力调节器阀托架螺栓,如图 20-3 所示。

(8)将 2 个电动制动助力器螺栓从电动制动助力器上拆下,如图 20-4 所示。

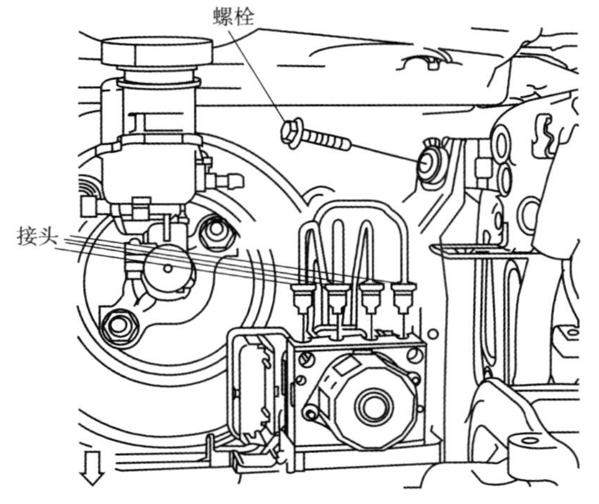

图 20-3 断开调节阀接头和螺栓

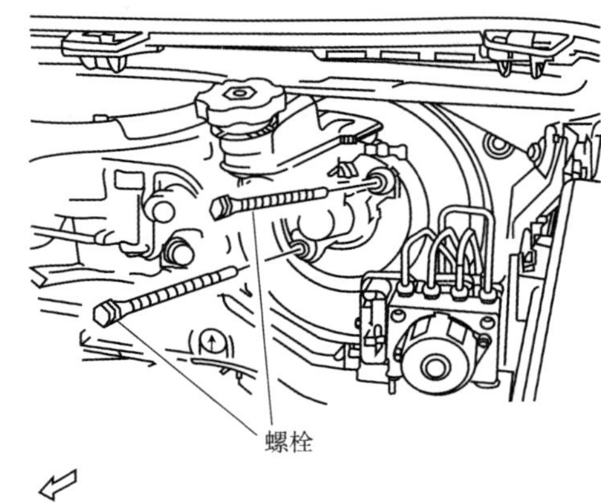

图 20-4 拆下电动制动助力器螺栓

(9)将制动踏板推杆从制动踏板上断开。将棘爪接头连接器的 2 个吐舌压在一起并略微拉动制动踏板以方便拆卸,如图 20-5 所示。

(10)拆下并报废棘爪接头连接器。

(11)将电动制动助力器从车辆上拆下。

2. 安装步骤

(1)将新密封件安装至新电动制动助力器,如图 20-6 所示。

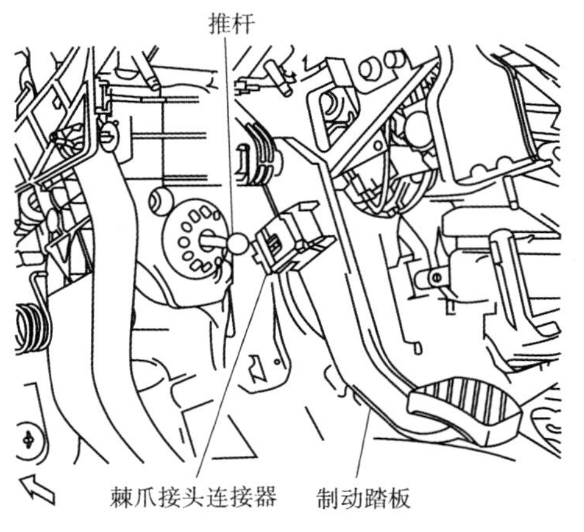

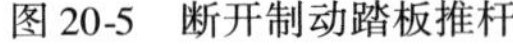

图 20-5 断开制动踏板推杆

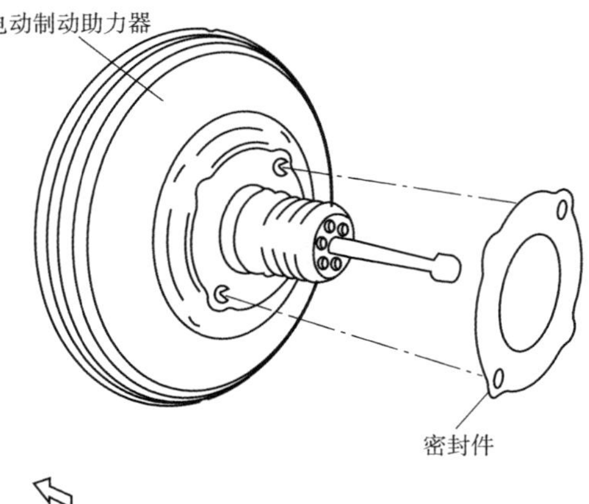

图 20-6 安装密封件

(2)安装 2 个电动制动助力器螺栓,并紧固至 19N · m,如图 20-7 所示。

(3)将新的棘爪接头连接器安装至制动踏板,如图 20-8 所示。

(4)将制动踏板推杆连接至制动踏板,如图 20-9 所示。

(5)将电动制动助力器真空传感器安装至电动制动助力器。安装前,确保所有真空管通道清洁,没有碎屑。

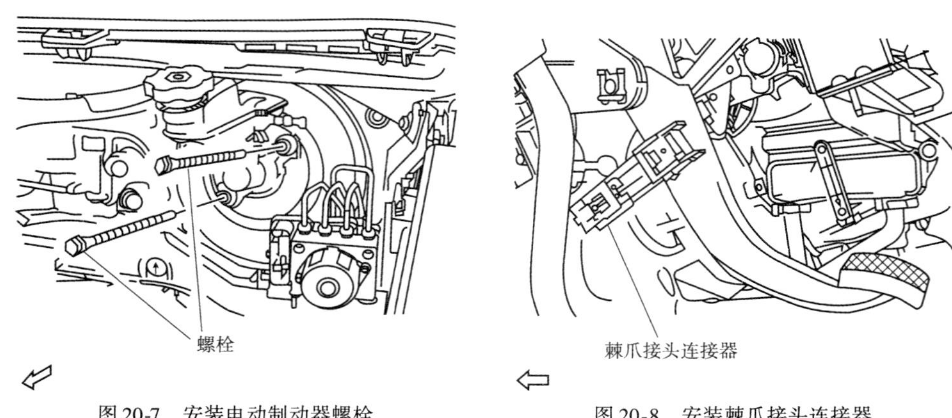

图 20-7　安装电动制动器螺栓　　图 20-8　安装棘爪接头连接器

(6)安装电动制动助力器真空止回阀,如图 20-10 所示。安装电动制动助力器真空管,将制动主缸安装在电动制动助力器上。

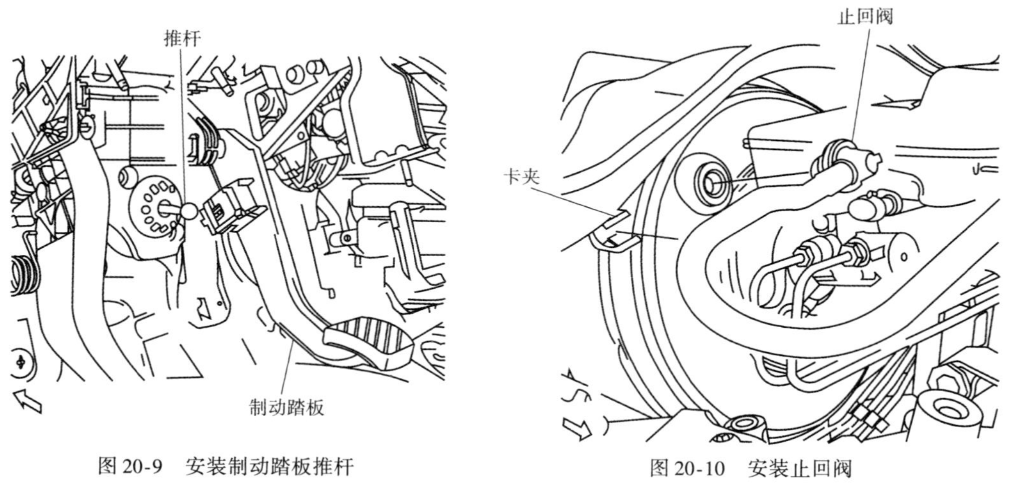

图 20-9　安装制动踏板推杆　　图 20-10　安装止回阀

(7)安装 4 个制动压力调节阀接头,并紧固至 20N · m,如图 20-11 所示。必须确保制动管正确连接至制动压力调节器。如果制动管连接错误,则将出现车轮锁止并可导致人身伤害。仅有两种方式可检测此情况,使用故障诊断仪或进行防抱死制动。

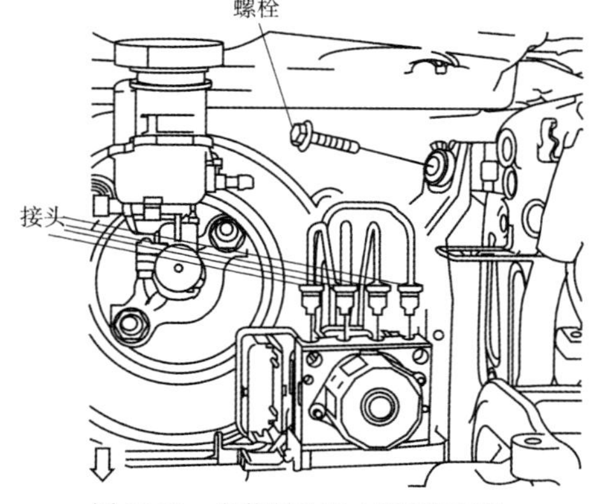

图 20-11　安装制动压力调节阀接头

(8)安装制动压力调节阀托架螺栓,并紧固至22N·m,如图20-11所示。
(9)安装发动机控制模块和电子制动控制模块托架。
(10)连接蓄电池负极。
(11)对液压制动系统排气。

七 评分标准

实训评分表见表20-1。

实训评分表 表20-1

序号	考核项目	满分	评分标准	得分
1	作业前整理工位	4	酌情扣分	
2	将点火开关置于OFF(关闭)位置。断开蓄电池负极电缆	4	操作不当扣4分	
3	拆下发动机控制模块和电子制动控制模块托架	4	操作不当扣4分	
4	不断开制动器储液罐,将制动主缸从电动制动助力器上拆下	4	操作不当扣4分	
5	将电动制动助力器真空传感器从电动制动助力器上拆下	4	操作不当扣4分	
6	拆下电动制动助力器真空止回阀	4	操作不当扣4分	
7	断开4个制动压力调节阀接头	4	操作不当扣4分	
8	拆下制动压力调节器阀托架螺栓	4	操作不当扣4分	
9	将2个电动制动助力器螺栓从电动制动助力器上拆下	4	操作不当扣4分	
10	将制动踏板推杆从制动踏板上断开	4	操作不当扣4分	
11	拆下并报废棘爪接头连接器	4	操作不当扣4分	
12	将电动制动助力器从车辆上拆下	4	操作不当扣4分	
13	将新密封件安装至新电动制动助力器	4	操作不当扣4分	
14	安装2个电动制动助力器螺栓,并紧固至19N·m	4	操作不当扣4分	
15	将新的棘爪接头连接器安装至制动踏板	4	操作不当扣4分	
16	将制动踏板推连接至制动踏板	4	操作不当扣4分	
17	将电动制动助力器真空传感器安装至电动制动助力器	4	操作不当扣4分	
18	安装电动制动助力器真空止回阀将制动主缸安装在电动制动助力器上	4	操作不当扣4分	
19	安装4个制动压力调节阀接头,并紧固至20N·m	8	操作不当扣8分	

续上表

序号	考 核 项 目	满分	评 分 标 准	得分
20	安装制动压力调节阀托架螺栓,并紧固至22N·m	4	操作不当扣4分	
21	安装发动机控制模块和电子制动控制模块托架	4	操作不当扣4分	
22	连接蓄电池负极	4	操作不当扣4分	
23	对液压制动系统排气	4	操作不当扣4分	
24	作业后整理工位	4	酌情扣分	
25	遵守相关安全规范	因违规操作造成人员和设备事故的,总分按0分计		
分数合计		100		

参 考 文 献

[1] 汪俊.汽车底盘构造与维修[M].北京:北京邮电大学出版社,2012.
[2] 魏胜君.汽车底盘构造与维修[M].北京:国防工业出版社,2011.
[3] 蒋运劲,唐作厚.汽车底盘构造与维修[M].北京:北京理工大学出版社,2013.
[4] 李伟.图解新型汽车底盘拆装与检修[M].北京:机械工业出版社,2011.
[5] 梁健和,甘善泽.汽车底盘构造与维修[M].北京:北京理工大学出版社,2011.
[6] 王永浩,祝政杰. 汽车底盘构造与维修[M].北京:北京理工大学出版社,2013.
[7] 娄杰.汽车构造与拆装[M].北京:高等教育出版社,2015.
[8] 黎盛寓.汽车底盘电子控制技术[M].北京:北京理工大学出版社,2010.
[9] 李培军.汽车底盘电控技术[M].北京:人民邮电出版社,2011.
[10] 贾志涛,庞成立,徐长思.汽车底盘电控系统检修[M].北京:北京理工大学出版社,2015.
[11] 庞成立.汽车底盘电控系统原理与检修[M].哈尔滨:哈尔滨工业大学出版社,2013.